青少年心理自助文
气质丛书

感 恩

化作春泥更护花

蒿泽阳/著

心随境转是凡夫，境随心转是圣贤。
用惭愧心看自己，用感恩心看世界。

中国出版集团 现代出版社

图书在版编目（CIP）数据

感恩:化作春泥更护花 / 蒿泽阳著. —北京：现代出版社，2013.11
（青少年心理自助文库）

ISBN 978-7-5143-1850-0

Ⅰ. ①感… Ⅱ. ①蒿… Ⅲ. ①品德教育－中国－青年读物
②品德教育－中国－少年读物 Ⅳ. ①D432.62

中国版本图书馆 CIP 数据核字（2013）第 273468 号

作　　者　蒿泽阳
责任编辑　李　鹏
出版发行　现代出版社
通讯地址　北京市安定门外安华里 504 号
邮政编码　100011
电　　话　010－64267325 64245264（传真）
网　　址　www.1980xd.com
电子邮箱　xiandai@ cnpitc.com.cn
印　　刷　北京中振源印务有限公司
开　　本　710mm×1000mm　1/16
印　　张　14
版　　次　2019 年 4 月第 2 版　2019 年 4 月第 1 次印刷
书　　号　ISBN 978-7-5143-1850-0
定　　价　39.80 元

P 前 言
REFACE

　　为什么当今一部分青少年拥有幸福的生活却依然感觉不幸福、不快乐？又怎样才能彻底摆脱日复一日的身心疲惫？怎样才能活得更真实、更快乐？我们越是在喧嚣和困惑的环境中无所适从，越是觉得快乐和宁静是何等的难能可贵。其实，正所谓"心安处即自由乡"，善于调节内心是一种拯救自我的能力。当我们能够对自我有清醒的认识，对他人能宽容友善，对生活无限热爱的时候，一个拥有强大心灵力量的你将会更加自信而乐观地面对一切。

　　青少年是国家的未来和希望。对于青少年的心理健康教育，直接关系到其未来能否健康成长，承担起建设和谐社会的重任。作为家庭、学校和社会，不仅要重视文化专业知识的教育，还要注重培养青少年健康的心态和良好的心理素质，从改进教育方法上来真正关心、爱护和尊重青少年。如何正确引导青少年走向健康的心理状态，是家庭、学校和社会的共同责任。心理自助能够帮助青少年解决心理问题、获得自我成长，最重要之处在于它能够激发青少年自觉进行自我探索的精神取向。自我探索是对自身的心理状态、思维方式、情绪反应和性格能力等方面的深入觉察。很多科学研究发现，这种觉察和了解本身对于心理问题就具有治疗的作用。此外，通过自我探索，青少年能够看到自己的问题所在，明确在哪些方面需要改善，从而"对症下药"。

　　目标反映人们对美好未来的向往和追求。目标是一个人力量的源泉、精神上的支柱。一个国家、一个民族如果没有远大的、被大多数人信仰的共同目标，就会形同一盘散沙。没有凝聚力、向心力，哪里还谈得上国家的强盛、民族的振兴？一个人如果没有目标，就会失去精神动力，不可能成为高素质的优秀人才。

理想是人生的阳光，希望是人生的土壤。目标与方向就是选定优良种子与所需成长的营养，明确执行的目标，让一个个奋斗目标成为你成功道路上的里程碑，分秒必争地尽快把一个个目标变成现实。再苦再难也要勇敢前进，把握现在就能创造美好未来！

一个没有方向的人，就如同驶入大海的孤舟，不知道自己走向何方，其前景不容乐观。而有方向的人，就如同黑夜中找到了一盏导航灯。方向是激发一个人前进的动力，也是一个人行动的指针。有方向的人能为美好的结果而努力，而没有方向的人只会在原地踏步，一生也只会碌碌无为。迷茫一族应早日做好自己的人生规划，心中有方向，努力才有目标，人生之路才会风光无限。否则，在没有方向的区域里绕来绕去，最终只会走出一条曲线，或绕了一个圆圈又绕回原点。拥有规划，但还要拥有恒心，即使在艰难险阻下，也要朝着自己设定的方向锲而不舍地前行，切不可半途而废，白白浪费自己的时间。

本丛书从心理问题的普遍性着手，分别记述了性格、情绪、压力、意志、人际交往、异常行为等方面容易出现的一些心理问题，并提出了具体实用的应对策略，以帮助青少年读者驱散心灵的阴霾，科学地调适身心，实现心理自助。

本丛书是你化解烦恼的心灵修养课，是给你增加快乐的心理自助术；本丛书会让你认识到：掌控心理，方能掌控世界；改变自己，才能改变一切；只有实现积极的心理自助，才能收获快乐的人生。

感恩——化作春泥更护花

C目 录
ONTENTS

感恩——化作春泥更护花

第六篇　感恩挫折

第七篇　感恩对手

第八篇　感恩集体

第九篇　感恩自然

感恩——化作春泥更护花

第一篇　感恩亲情

父母给了我们最为宝贵的生命，手足之情是那么真挚而强烈，亲情是世界上最灿烂的阳光。亲人给予我们最无私的爱和帮助，他们是我们生命的支柱。感谢父母的生养之恩，感谢兄弟姐妹给我们温馨的爱，感谢身边所有的亲人，正是有了他们，我们才体会到人世间最伟大、最温暖的亲情之爱。

做子女不仅要懂得享受父母之爱，更应懂得爱的反馈和回报。只有学会感恩，长大以后才能更好地与周围人相处和合作，也才能为自己未来的事业打下坚固的基石。给他们一个微笑，一句问候，一个深情的拥抱吧！

母爱柔情如水

从小到大，海角天涯，伴随我们的永远有妈妈。

母爱是那香甜的乳汁，母爱是搀扶我们学步的双手，母爱是夜幕时声声叫儿归的呼唤，母爱是深夜替我们掖被时悄无声息的呵护，母爱是看到孩子快乐时开心的笑脸，母爱是校门口关注的眼神，母爱是终日辛苦的劳作，母爱是临行时一遍遍的叮咛，母爱是儿行千里默默的挂念，母爱是灯下那份悠长悠长的思念，母爱是一张日益苍老的脸庞，母爱是一双布满老茧的手掌，母爱是一个渐渐远行的背影，母爱是一篇朴实的短文，母爱是一支曼妙的歌曲，母爱是一首绮丽的小诗，母爱是一曲婆娑的妙舞……

母爱如水，轻柔温婉，柔肠百转，我们的每一步都行走在母亲目光的延长线上。

水是透明的，就像母亲那没有任何杂色的爱；水是淡淡的，就像母亲那平凡甚至有些琐碎的爱。但当你去细细品味时，你会发现水是甜的，是滋润的，这不正像那平凡而伟大的母爱吗？然而，正因为母爱似水常伴我们的生活，我们总是很难品味到它的甘甜。只有当你细细地去体会时，才知道，这份爱对我们每个人是多么重要！

当天气转凉，母亲让你加衣裳时，你的反应如何呢？也许你嫌她啰唆，也许你不理她。但出门后，寒风中的你庆幸自己多添了衣服时，才感受到母亲那无微不至的爱。

当你吃饭时，母亲一个劲儿往你碗里夹菜，帮你盛饭盛汤，你不仅一句感谢的话都没有，还挑三拣四。你可曾想过母亲心里的感受？

就好像你无法数清生活中到底喝过多少杯水一样，你又怎能说得出母爱的数量呢？我们在母爱的天空下成长，就好像鱼儿在水中畅游，母爱在这样的平常小事中也可以散发出熠熠光辉。

"谁言寸草心，报得三春晖"。母亲给予我们的任何一种恩德，都是我们无法报答的，想想看，生之恩、养之恩……

母爱如水，水是平凡的，又是伟大的，但又不是每个人都能感受到的。母亲的似海恩情我们何以为报？2004年的一天，一个普普通通的儿子用身体做出了自己的回答，他把生命的一部分回馈给了病危的母亲。在温暖的谎言里，母亲的生命可能依然脆弱，但是孝子的真诚已经坚如磐石、坚不可摧。田世国，让天下所有的母亲都收获到了一份慰藉。

2004年9月30日，一对母子在上海复旦大学附属中山医院做了一个非常特殊的手术：医生先从年仅38岁的儿子身上摘取出一个鲜活的肾脏，然后移植到身患绝症、已经年过花甲的母亲体内。

这个让无数世人称颂的孝子名叫田世国，是广州国政律师事务所的一名律师。在母亲因身患尿毒症而痛不欲生的关键时刻，他毅然决定：捐肾救母。

2004年3月26日，田世国接到弟弟打来的一个电话，顿时脸色大变。在妻子一再追问下，他才用颤抖的声音说："妈被确诊为尿毒症，而且，已经到了晚期！"当天晚上，田世国就马不停蹄地赶往枣庄。下车后，他直奔医院，就在他推开血液透析室房门的那一瞬间，他被眼前的一幕惊呆了：母亲躺在白色的病床上，手臂上插着一支粗大的导管……

田世国走出透析室，就立即奔向医生办公室。医生说，尿毒症患者的治疗方法主要靠血液透析或换肾来维持生命，虽然肾移植可以使病人像正常人一样生活，但费用昂贵，肾源也不好找。特别是像田世国的母亲刘玉环这样已经年过花甲的老人，肾移植手术的风险更大。田世国却没有灰心，他决定给母亲进行肾移植。田世国选定上海复旦大学附属中山医院的大夫给母亲做手术。

泌尿外科主任朱同玉教授从医15年，实施肾移植手术也不计其数，

感恩——化作春泥更护花

这是他第一次碰到晚辈给长辈捐肾的病例,他深有感触地对田世国说:"我从事肾移植手术多年,常见的活体肾移植主要是父母捐给孩子,而小辈捐肾给长辈的,不仅我从没见过,就是在国内也绝无仅有。"他还特别告诉田世国,捐一个肾脏虽然对今后的日常生活不会产生太大影响,可是一旦唯一的肾脏受到损害就会危及生命,所以,他让田世国慎重抉择。

田世国动情地说:"我妈操劳了一辈子,该享福的时候却患了重病。所以,不论怎样,我一定要救她。反正我是从妈身体里出来的,给妈捐一个肾,就当是再回去了……"

9月30日早上7:00,田世国首先被推进了手术室。当洁白的手术单盖在他的身上时,他感到了一种前所未有的轻松,他笑着对身边的护士说:"我终于可以救我妈了,再过一会儿,我的肾就要在她的体内工作了。"母子俩一个在楼上,一个在楼下,儿子的心牵挂着母亲的身体,母亲却始终不知道捐肾的人就是自己的儿子!

手术终于开始了。朱同玉教授亲自操刀,十几名医护人员轮流上阵,他们和田世国母子一起展开了一场充满骨血真情的生命保卫战。这个母子换肾手术一直持续到下午1:50,让人欣慰的是,手术做得十分成功。刘玉环刚被推出手术室,儿子的肾便开始在她体内正常工作了。

手术完成后,田世国先母亲一步出院,回到枣庄老家休养。不久,换肾成功的刘玉环也回到枣庄老家,她的气色十分好,脸上的皮肤也不再干巴巴的,显得很滋润。老太太一进家门,就底气十足地说:"想不到我又活着回来了。"

田世国的事迹感动了中国,他也成为2004年中央电视台"感动中国"候选人,原因是他忘我救母的那份真情。虽说亲人间通过捐献器官延续生命已经屡见不鲜,但绝大部分的病例都是父亲或母亲捐肾给年幼的子女,或是兄弟、姐妹间捐献身体器官。**"感人心者莫先乎情"**,年仅38岁的田世国在自己生命周期的巅峰将肾捐给了68岁的老母,田世国的义举,充分体现了孝敬长辈的优良传统,更是一种对母亲的感恩之举,带给人们的是一种感人至深的心灵冲击。

　　"我们的生命是双亲给予的,作为儿女,我们能给予他们什么?"田世国这番听似平常其实蕴含丰富内涵的话语,给我们诠释了"孝道"这两个字。何为"孝道"?"孝道"是人类繁衍起码的伦理和道义,是对于父辈舐犊之情、养育之恩的无偿回报。"孝道"既是稍纵即逝的眷恋,又是无法重复的幸福。"孝道"是生命与生命交接处的链条,"孝道"是对亲人最好的"感恩"。

心灵悄悄话

　　水是透明的,就像母亲那没有任何杂色的爱;水是淡淡的,就像母亲那平凡甚至有些琐碎的爱。但当你去细细品味时,你会发现水是甜的,是滋润的,这不正像那平凡而伟大的母爱吗? 然而,正因为母爱似水常伴我们的生活,我们总是浪难品味到它的甘甜。只有当你细细地去体会时,才知道,这份爱对我们每个人是多么重要!

感恩——化作春泥更护花

父爱深沉如山

有人说，父爱，伟岸如青山，圣洁如冰雪，温暖如骄阳，宽广如江海！

有人说，父爱如山，坚强、伟岸、温馨而又含蓄，亲切而又遥远；苍翠、挺拔、慈祥而又率直，温情而又隽永；坦荡、坚韧，深远而宽广，真挚而又厚重！

父爱，向来都会在有意无意间被忘却。因为父爱深沉而隽永，如同春雨滋润大地般无声无息，宛如古井深处那永不枯竭的泉眼，无论春夏秋冬，总会渗出甘露，奉献自己滋润干枯。

父亲是角色被转化的演员。孩提时代，父亲的衣角被我们抓得皱巴巴的，他异常乐意，一次次独自抚平那皱了的衣角，嘴角不经意的微笑折射出父亲的欣慰。挡不住岁月挡不住成长，我们的肩膀与父亲同高。父亲由舞台上的主角，浓缩为搁置一旁的布景，他沉默地守候、等待，哪怕把他向前或向后挪动都无怨无悔！落寞的父亲被忽略了很久很久，看他蓬松的头发和凌乱的着装上，都是灰尘。他是布景，仅此而已。

父爱如山，父亲为了我们的成长和幸福曾吃过多少苦，受过多少累，肩负了多少生活的重任。朱自清的《背影》以及《搭错车》里那句熟悉的"酒干倘卖无"，都让我们不由得想起父亲的背影和生活中所承受的一切。

一个背影，就曾经让朱自清潸然泪下；一个眼神，往往让我们牢记终生；一片沉默，却总能让子女辈感受到无尽的力量。

这就是父爱。

那是在 1999 年的 10 月，贵州麻岭风景区正处在旅游旺季。如织的游人被地缝峡谷、群瀑横飞的自然奇景所吸引。晴朗的天空，宜人的气候，沁人心脾的空气，其乐融融的游客，一切都是那么的美好。然而，事故突如其来——正在运行的高空缆车突然坠毁！30 多名在缆车上的游客在瞬间仿佛坠入无间地狱……14 条鲜活的生命离去了！

在 22 名受伤者中，有一位两岁的小孩得以生存，那是因为，就在那恐怖的刹那，他的父亲把他举在了肩膀上，而他的双亲却全部遇难。也许就在刚才，一家人还在高空中欣赏着峡谷中壮观的奇景，父慈母爱，孩子坐在爸爸的身上，妈妈在一旁指着景观在讲解，孩子明亮的眼睛充满了惊喜和好奇。灾难来临了！无法想象，在下坠的过程中，一家人，是怎样的惊恐，在两三秒的时间里，父母之间来不及商量，本能中，父亲做出了一个正确而伟大的决定——把孩子架在自己的肩膀上。来不及安慰，来不及说一句嘱咐的话，甚至来不及多看一眼，就这么走远了，走远了……

韩红是一位实力派的歌者，她在歌中表露出的真挚难能可贵。听到这段有关父爱的感人故事后，她来到现场实地体验，只用了 20 分钟就一挥而就写下了一首歌《天亮了》，并在央视的大型直播晚会上，含泪演唱，现场的万名观众在凄美的旋律中无不为这份伟大而悲壮的父爱感动落泪：

那是一个秋天

风儿那么缠绵

让我想起他们那双无助的眼

就在那美丽风景相伴的地方

我听到一声巨响震彻山谷

就是那个秋天

再看不到爸爸的脸

他用他的双肩托起我重生的起点

黑暗中泪水沾满了双眼

不要离开

不要伤害

我看到爸爸妈妈就这么走远

留下我在这陌生的人世间

不知道未来还会有什么风险

我想要紧紧抓住他的手

妈妈告诉我希望还会有

看到太阳出来

妈妈笑了

天亮了

心碎的歌声,心碎的旋律,把父爱的伟大表达得淋漓尽致。

这就是如山的父爱,静默无言,饱含深情。

洋溢着人性之美的《海底总动员》让我们感受到排山倒海式的父爱和难舍难分的亲情的同时,也让我们对长辈、对父亲、对人生、对生命有了更深一层的感悟与思考。

《海底总动员》的主角是一对可爱的小丑鱼父子。父亲玛林和儿子尼莫一直在澳大利亚外海大堡礁中过着安定而幸福的平静生活。鱼爸爸玛林一直谨小慎微,是远近闻名的胆小鬼。也正因为这一点,儿子尼莫常常与玛林发生争执,甚至有那么一点瞧不起自己的父亲。直到有一天,一直向往到海洋中冒险的尼莫,游出了他们所居住的珊瑚礁,被渔夫捕走,并被卖到悉尼湾内的一家牙医诊所。

儿子突然生死未卜的消息,对于鱼爸爸玛林来说无异于晴天霹雳。尽管胆小怕事,但为救回儿子,玛林义无反顾地踏上了未知的危险旅途。

鱼爸爸玛林克服万难,终于与儿子团聚并安全地回到了自己的家乡。过去那个甚至连自己儿子都瞧不起的胆小鬼玛林,经过这次的考验后成为儿子眼中真正的英雄。

《海底总动员》直白地道出了父亲对儿子的心意。为了失踪的儿子尼莫，父亲玛林不惜远渡重洋，历经万般磨难，他可以为自己的儿子做任何事，只要他的儿子能平安快乐，作为一个父亲的心愿往往就是这么简单。

虽然这是一部动画片，但是片中的那条小鱼为儿子做的那些事让人很容易就联想起了自己的父亲。生活中的点点滴滴，父亲为孩子做的每一件小事，都会让孩子铭记心头。

苦与乐、悲与欢，一点一滴就这么平淡而温情地渗透进生活每一天的日出日落里。父子之情、父女之情，同样可以散发出坚强的光辉。

心灵悄悄话

父爱如山，父亲为了我们的成长和幸福曾吃过多少苦，受过多少累，肩负了多少生活的重任。朱自清的《背影》以及《搭错车》里那句熟悉的"酒干倘卖无"，都让我们不由得想起父亲的背影和生活中所承受的一切。

感恩——化作春泥更护花

手足血浓于水

永远记得爸爸说过这样一句话:**这辈子能成为兄弟姐妹那是前世修来的缘分,谁也不知道有没有下辈子,以后的事情更说不清楚,我们不能跟你们一辈子。所以,不管你们兄弟姐妹以后谁遇到困难,你们之间能帮一把就帮一把!**

兄弟姐妹是同胞亲人,在我们需要帮助的关键时刻,挺身而出的一定会有我们的兄弟姐妹。因为我们生活在同一个时代,受到相同的教育,更重要的是我们是一家人,我们身上流淌着同样的血,这就注定我们必然会互相关怀与帮助。

俗话说**"打虎亲兄弟,上阵父子兵"**,兄弟之间和睦相处,就能够使生活变得美好。而兄弟间团结一心,就能克服所有的困难。

从前,吐谷浑国的国王阿豺有 20 个儿子,个个都很有本领,但是他们自恃本领高强,都不把别人放在眼里,认为只有自己最有才能。儿子们经常争斗,见面就喜欢互相讥讽,背后也说对方的坏话。

国王见到儿子们这种互不相容的情况,很是担心,他明白敌人很容易利用这种不睦的局面来各个击破,那样一来国家的安危就悬于一线了。阿豺常常利用各种机会和场合来苦口婆心地教导儿子们停止互相攻击、倾轧,要相互团结友爱。可是儿子们对父亲的话都是左耳朵进、右耳朵出,表面上装作遵从教诲,实际上并没放在心上,依然我行我素。

阿豺一天比一天苍老了,他很清楚自己不久就要离开人世了,但是,儿子们会怎样呢? 再没有人能教诲他们、调解他们之间的矛盾了,那国家不是要四分五裂了吗？究竟用什么办法才能让他们懂得要团结起来呢？

有一天，久病在床的阿豺预感到死神就要降临了，他也终于有了主意。

他把儿子们召集到病榻跟前，吩咐他们说："你们每个人都放一支箭在地上。"儿子们不知何故，但还是照办了。阿豺又叫过自己的弟弟慕利延说："你随便拾一支箭折断它。"慕利延顺手捡起身边的一支箭，稍一用力，箭就断了。阿豺又说："现在你把剩下的19支箭全都拾起来，把它们捆在一起，再试着折断。"慕利延抓住箭捆，使出了吃奶的力气，咬牙弯腰，脖子上青筋暴起，折腾得满头大汗，始终也没能将箭捆折断。

阿豺缓缓地转向儿子们，语重心长地开口说道："你们也都看得很明白了，一支箭，轻轻一折就断了，可是合在一起的时候，就怎么也折不断。你们兄弟也是如此，如果互相斗气，单独行动，很容易遭到失败，只有20个人联合起来，齐心协力，才会产生无比巨大的力量，可以战胜一切，保障国家的安全。这就是团结的力量啊！"

儿子们终于领悟了父亲的良苦用心，想起自己以往的行为，都悔恨地流着泪说："父亲，我们明白了，您就放心吧！"

阿豺见儿子们真的懂了，欣慰地点了下头，闭上眼睛安然去世了。

老国王帮助儿子们明白了什么是团结的力量，也让儿子们懂得了兄弟们的手足之情。在人生的战场上，兄弟是最可靠的帮手。有了兄弟们的齐心协力，不管发生什么困难都是可以克服的。

提起苏辙，他也是一位少年天才。他的文学才华并不亚于哥哥苏轼。当年，他与哥哥双双高中进士，踏上了仕途。两人感情深厚、真挚，这份情不仅体现在血缘关系上，更体现在他们俩的共同理想与追求上。

兄弟俩从小就在一起读书，互相学习、互相帮助，两人是亦师、亦兄弟、亦友。十多年时间的沉积，早已在他们彼此的心中都埋下了深厚的情谊。

在做官的生涯里，虽然他们兄弟俩分隔两地，但时空并没有成为他们的阻隔，并没有使他们的深厚情谊褪色。两人依然互相鼓励，互相帮助。哥哥苏轼的仕途非常坎坷，在生活最艰难时，甚至连吃饭都成了问题，弟弟苏辙不惜倾自己所有，去帮助哥哥渡过难关；在弟弟仕途受挫，处于人生的最低谷时，哥哥苏轼也鸿雁传书，鼓励弟弟要勇敢面对，坦然面对人生。

苏轼的仕途荆棘丛生，经历过几次贬官，甚至遭到诬蔑，险些赔上自己的性命。在哥哥苏轼遭遇"乌台诗案"时，苏辙不惜冒着生命危险，上书给皇帝，请求以罢免自己的官职为代价，以挽救哥哥的性命。而当时在狱中的苏轼，以为自己大祸临头，无力回天，必死无疑了。在临死前，他第一个想到的人就是他的弟弟苏辙。他给弟弟写了一封信，那是他的遗书，被辗转送到了弟弟苏辙的手上。后来，真相查明，只是虚惊一场，苏轼被无罪释放了。经过这件事，他们兄弟的感情更加深厚了。

这一切的一切，在当时那个尔虞我诈、自私自利，甚至父子兄弟间为了某些利益相互斗争、残杀的年代，显得是多么的珍贵。是的，只有真挚的情谊，才禁得起时间的考验；只有深厚的感情，才禁得起艰难困苦的洗礼。苏轼、苏辙，他们兄弟俩做到了。他们的手足情深，让我们为之敬佩，为之感动。

心灵悄悄话

兄弟姐妹是同胞亲人，在我们需要帮助的关键时刻，挺身而出的一定会有我们的兄弟姐妹。因为我们生活在同一个时代，受到相同的教育，更重要的是我们是一家人，我们身上流淌着同样的血，这就注定我们必然会互相关怀与帮助。

亲情温暖人生

从小到大，从年轻到成熟，也许绝大多数人都视亲情为理所应当，只因我们身边爱着我们的人一直都在爱着，从不曾停止。

亲情是世界上最灿烂的阳光，无论我们走出多远，飞得多高，父母的目光总在我们背后。你流泪时，父母给你擦干眼泪的力量，自己却在背地里心疼；你跌倒时，父母给你爬起来的力量，自己却在你跌倒的地方流出眼泪；你微笑时，父母比你笑得还要灿烂，似乎天大的快乐降临在他们身上；你成功时，父母比你更显得兴奋和自豪，仿佛上天给了他们多么美好的回报。你年少无知，和父母争吵时，他们低头不语，却在心底难过；你因不快摔门而出时，他们无言落泪，却仍旧在担心着你生气外出是否安全；你因不耐烦他们的唠叨而拒绝和他们交谈时，他们依旧絮叨着你生活中的点点滴滴，只因那颗心从未停止过挂念……

亲情是无声的，而这无声的亲情总能感化那些腐化的灵魂。

有一个男孩在寄宿制高中读书，他家里的经济条件不怎么宽裕，可父母对他寄予厚望，省吃俭用供他上学。这孩子却不当回事，学习不用功，晚上经常约同学在寝室里偷偷打麻将。

有一次，儿子打电话给父亲，谎称要准备考试，周末不回家了，要在寝室里抓紧复习功课。父亲信以为真。考虑到复习迎考消耗较大，为了给孩子补营养，那天父亲在家里特意烧了好多菜，然后换乘了好几辆公交车，花了三个多小时，汗流浃背地赶往学校。可此刻，儿子在寝室里玩兴正浓，与几个同学正在"哗哗"地搓着麻将。突然，传来一阵轻轻的敲门声,他们手忙脚乱地把麻将收藏起来,然后慢腾腾地开门。打开房门,儿子看到父亲正气喘吁吁地站在自己的面前,父亲那微抖的手里拎着一大包东西。"爸爸,你怎么来了?"儿子惊奇地问道。父亲微微一笑:"听说你马上要大考了,怕你在学校里吃不好,我炒了几样菜,给你送来。我不进屋打扰你们了,你就自己拿进去吧,趁菜还有点热,你先吃点儿。我走了。"父亲说完,转身消失在寝室外面的黑暗之中。

顿时,儿子的内心深处似乎被猛击了一掌,他久久地站立在那里,眼眶里两行热泪禁不住满了下来。他被亲情震撼了,觉得自己有愧于父亲,自己竟用谎言来蒙骗那样爱他疼他的父亲。他醒悟了,觉得自己绝不能再这样稀里糊涂地混日子,一定要用刻苦学习的行动来报答父亲的关爱。后来他如愿以偿地考上重点大学,之后又以优异的成绩出国留学了。

每个人在人生的道路上都会出现一些偏差。这位儿子的父亲用信赖与关爱来感化儿子,无声胜有声。感悟亲情常常能感化人,感悟亲情是必不可少的,而是否能感悟最直接的体现是懂得感恩。

做子女的不仅要懂得享受父母之爱,更应懂得爱的反馈和回报。只有学会感恩,长大以后才能更好地与周围人相处和合作,也才能为自己未来的事业打下坚固的基础。

某大学有一位辅导员曾做过一个调查:他让每星期给父母打一次电话的同学举手,结果60多个学生里举手的不到一半。并且绝大多数是女生,男生只有10%。不难想象,那些没有举起手的学生,他们的父母该是多么期盼!

我们每个人都应该学会感恩,回报父母,而这回报不是单指金钱上的回报,更重要的是给他们精神上的安慰。

我们要用心去感受他们的给予,用心去回应他们的付出,父母的爱才是天底下最无私的爱,不要让自己留下终生的遗憾。

报答父母,表达对父母的感情,不一定要等到有出息之后才能做,平常小事一样可以表达自己的情感。

给他们一个微笑,一句问候,一个深情的拥抱吧!生活在平淡忙碌中的人们会因为一份小小的感恩而让幸福弥漫整个心灵,有了感恩的心也是洋溢着幸福的。感恩,会让我们的路走得更坚实、更自信;亲情,会让我们的路走得更充实!更稳当!

父母是我们人生的第一任老师,从我们呱呱坠地的那一刻起,我们的生命里就倾注了父母无尽的爱与祝福。或许,父母不能给我们奢华的生活,但是,他们给予了我们一生中不可替代的东西——生命与关爱。

有位绅士在花店门口停了车,他打算向花店订一束花,请他们送给远在故乡的母亲。

绅士正要走进店门时,发现有个小女孩坐在路边哭。绅士走到小女孩面前问她说:

"孩子,为什么坐在这里哭?"

"我想买一朵玫瑰花送给妈妈,可是我的钱不够。"孩子说。绅士听了感到心疼。

"这样啊……"于是绅士牵着小女孩的手走进花店,先订了要送给母亲的花束,然后给小女孩买了一朵玫瑰花。走出花店时绅士向小女孩提议,要开车送她回家。

"真的要送我回家吗?"

"当然啊!"

"那你送我去妈妈那里好了。可是叔叔,我妈妈住的地方,离这里很远。"

"早知道就不载你了。"绅士开玩笑地说。

绅士照小女孩说的一直开了过去,没想到走出市区大马路之后,随着蜿蜒山路前行,竟然来到了墓园。小女孩把花放在一座新坟旁边,她为了给一个月前刚过世的母亲献上一朵玫瑰花,走了一大段远路。绅士将小女孩送回家中,然后再度折返花店。他取消了要寄给母亲的花束,而改买了一大束鲜花,直奔离这里有五小时车程的母亲家中,他要亲自将花献给妈妈。

亲情是这宇宙间最无私的情感。亲情是岳飞的母亲满怀期望地在其背上刻下的"精忠报国",是孟子的母亲为其更好地成长而费尽苦心地"三迁",是朱自清的父亲翻越月台时留下的那个蹒跚的背影……

怀着一颗感恩的心来对待亲情吧！**你的感恩，是父母最大的快乐。**

佳芬跟妈妈吵架之后，就只身往外跑。可是，走了一段路，佳芬发现，她身上竟然一毛钱都没带，连打电话的硬币也没有！她走着走着肚子饿了，看到前面有个面摊，香喷喷的味道飘来，好想吃！可是，她没钱！

过一阵子后，面摊老板看到佳芬还站在那边，久久没离去，就问："姑娘，请问你是不是要吃面？"

"可是……可是我忘了带钱。"佳芬不好意思地回答。

面摊老板热心地说："没关系，我可以请你吃。"

不久，老板端来面和一些小菜。佳芬吃了几口，竟然掉下眼泪来。

"姑娘，你怎么了？"老板问。

"没有什么，我只是很感激！"佳芬擦着泪水。对老板说道，"我们又不认识，你只不过在路上看到我，就对我这么好，愿意煮面给我吃！可是……我自己的妈妈，我跟她吵架，她竟然把我赶出来，还叫我不要再回去！"

老板听了，委婉地说道："姑娘，你怎么会这样想呢！你想想看，我不过煮一碗面给你吃，你就这么感激我，那你自己的妈妈，煮了十多年的面和饭给你吃，你怎么不会感激她？你怎么还要跟她吵架？"

佳芬一听，整个人愣住了！

是呀！陌生人的一碗面，我都那么感激，而妈妈一个人辛苦地抚养我，煮了十多年的面和饭给我吃，我怎么没有感激她呢？而且，只为了小小的事，就和妈妈大吵一架。匆匆吃完面后，佳芬鼓起勇气，迈向家的方向，她好想真心地对妈妈说："妈，对不起，我错了！"

佳芬走到巷口时，看到疲惫、着急的母亲正在四处地张望。看到佳芬时，妈妈就先开口说："阿芬呀，赶快回去吧！我饭都已经煮好，你再不赶快回去吃，菜都凉了！"

此时，佳芬的眼泪一颗一颗滚落下来。

有时候，我们会对别人给予的小惠"感激不尽"，却对亲人、父母一辈子的恩情"视而不见"。其实亲情就这样无时不在，它容忍着人们的遗忘和把它看作理所应当。我们就这样享受着父母给予的爱，将他们的辛劳变成我们饱腹蔽体的物品，用他们的苍老换来了我们朝气的青春，还往往去抱怨他们的忠言，抱怨他们的谆谆教诲。或许只有等到我们身为父母，等到自己养儿育女的那一天，才会了解为人父母的那种心情，那种对子女无私的爱。

也许，**生活的步履过于匆忙而使我们忘却了对身边的亲人说一些感激的话语，往往等我们觉察到时已经后悔莫及**。现在，不妨让我们停下脚步，怀着一颗感恩的心，对他们说一声感谢：感谢他们把我们带到这个世间，感谢他们培育我们健康成长，感谢他们让我们得到这世间一切美好的东西。

心灵悄悄话

亲情是世界上最灿烂的阳光，无论我们走出多远，飞得多高，父母的目光总在我们背后。给他们一个微笑，一句问候，一个深情的拥抱吧！生活在平淡忙碌中的人们会因为一份小小的感恩而让幸福弥漫整个心灵，有了感恩的心也是洋溢着幸福的。感恩，会让我们的路走得更坚实、更自信；亲情，会让我们的路走得更充实！更稳当！

感恩——化作春泥更护花

感谢身边所有亲人

俗话说:"滴水之恩,当涌泉相报。"

父母以及其他的亲人为我们付出的并不是小小的"一滴水",而是浩瀚的大海,他们的爱包围着我们,让我们免于受到任何的伤害。

那么,我们是否应在父母劳累一天后递上一杯暖茶,或是在他们生日时递上一张祝福的卡片,又或者在他们失落时奉上一番问候与安慰? 他们将所有的心血、精力都倾注在我们的身上,而我们又何曾记得他们的生日,体会他们的劳累,察觉到那缕缕银丝,那一道道皱纹? 而对于身边其他的亲人我们又是否体会到了他们的关怀,对他们抱有感恩之心呢? 珍惜亲人对自己的关爱,也让我们身边的亲人体会由我们带来的温暖。

有一个小男孩五岁时不幸得了一种怪病,一只脚比另一只脚长出很多,走起路来跛得就像一只小鸭子,经常遭到周围小朋友的嘲笑以及众人异样的眼光,懵懂的孩子哭着问父母自己为什么会这样,是不是永远都这样了。

父母忍着泪水骗他说:"孩子,这不是病,只要你努力练习走路,就会和别的小朋友一样了。"

小男孩相信了父母的话,一直努力地练习走路。多年的辗转奔波,父母带着他遍访名医,试过各种奇药、偏方,可是小男孩的病却没有一点起色,父母并没有因此而放弃,依旧对治好孩子的病抱有希望。小男孩就这样在父母用善意编织出的谎言里,安心地度过了自己的童年。

后来,小男孩渐渐明白了事情的真相。他并没有伤心,更没有责怪自己的父母。因为父母为他流的泪以及多年的努力，已经将他心灵上的伤口医治好了。父母多年来无悔地为他做出各种努力与牺牲，早就已经让他的痛楚麻木了。他更加理解父母所受到的心灵上的痛楚要远远超过自己所承受的。

他丝毫没有失落的感觉，更没有任何的怨言，相反他十分珍惜与父母在一起的快乐而短暂的时光，因为父母的爱融化了他心中的寒冰，为他搭起了一座成长之桥。这座桥由地而起，升起在空中，让他站得比任何人都要高；这座桥凌驾于生命之上，他心中对父母的感恩足以消除生活中一切的不如意。

躺在病床上的小男孩，面对病魔与即将到来的死神，忍受着无数的痛与苦，可他没有流过一滴眼泪，一直微笑着面对父母，他想让父母记住自己最灿烂的笑容。

他翕动着干渴得发白的嘴唇，但是已经没有力气再说一句感恩的话语，他只能在脑海中不断搜寻过去与父母一起度过的快乐而短暂的时光，一个个画面串联起来，变成了一个让自己感动不已的回忆故事。

没过多久，无情的死神还是把他带到了另一个世界，他在世间停留得如此短暂，但是他却是带着微笑离开，因为他的心中充满了对父母的爱。

我们要感谢身边所有的亲人，因为有了他们无私的奉献，我们才能够茁壮成长。珍惜与亲人在一起的每一分每一秒，多为身边的亲人着想，在生活中多一些谅解与体贴，珍惜每一个亲人为我们所做的一点一滴，我们就能感受到亲情带来的美好。

在晓静10岁时，她的父母不幸出车祸身亡了，从此晓静孤苦无依。晓静的姑姑把她接回家照顾，起先晓静很排斥姑姑一家人，认为自己是个外人，怎么都不愿意与姑姑他们说话，总是把自己关在房间里独自哭泣。

在以后的日子里，姑姑对晓静无微不至的照顾，慢慢打开了晓静封闭的心门。姑姑总是很关心她的一切，对待她比对待自己的孩子还要好。

这让晓静感觉到姑姑一家人都很爱自己，她很感动。晓静很喜欢美术，于是姑姑就帮她报了兴趣班。学美术的费用并不便宜，这对于普通工薪家庭的姑姑家来说，是一个不小的负担，但是姑姑却没有丝毫的犹豫。姑姑抚摸着晓静的头说："晓静，姑姑既然答应你爸妈照顾你，就会让你过得快乐，喜欢美术就好好学吧，你这么聪明，长大后一定会很有出息的。"

晓静感动地点点头，心里暗自发誓，一定要好好学习，将来能够报答姑姑一家人对自己的照顾与关爱。后来晓静不负期望，考取了中央美术学院。去大学报到的前一天，姑姑一家给晓静送行，晓静举着酒杯敬姑姑一家人，她满含着感恩的泪水说："谢谢你们，是你们给了我全新的生活，让我有勇气活下去，你们就是我在这个世界上最亲的人。"

晓静毕业后，在一家广告公司上班，她把姑姑、姑父接到身边照顾，她抓着他们的手动情地说："姑姑、姑父，你们无私地把我养大，教育我成才，现在我应该好好报答你们，我的父母我已经没有机会孝顺，因此我要好好珍惜孝顺你们二老的机会，因为在我眼里，你们就是我的父母！"

在我们的成长过程中，亲人给予了我们太多太多，可是很多时候我们却忽视了，只因他们的爱平凡地存在着。可他们所给予的爱却比一切来得更长久、更贴心。那份无言的爱，是人间最美的声音。

感谢父母和身边所有的亲人，因为有他们的存在，我们才有了拼搏的勇气与力量。有了父母与亲人的陪伴，我们的人生道路才会有一份份的爱、一份份的关怀，同时我们也多了一颗热忱、感恩的心。

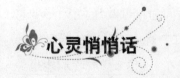

心灵悄悄话

我们要感谢身边所有的亲人，因为有了他们无私的奉献，我们才能够茁壮成长。珍惜与亲人在一起的每一分每一秒，多为身边的亲人着想，在生活中多一些谅解与体贴，珍惜每一个亲人为我们所做的一点一滴，我们就能感受到亲情带来的美好。

常回家看看

　　"常回家看看，回家看看，哪怕给妈妈刷刷筷子洗洗碗……"一首《常回家看看》不知道触动了多少人心灵深处的那根弦。是啊，常回家看看，可就是一句"常回家看看"，也成了好多老人的奢望。

　　儿女在外，当父母的多是牵挂，唯恐他们有个闪失，常为他们祈祷，让上天保佑儿女们平平安安。但是，当儿女的又为父母做了些什么呢？有的儿女大把大把给父母寄钱，认为这样就是报答父母的养育之恩，只要有了钱父母就会高兴，就会快乐。其实事与愿违，父母养儿育女不只是为了钱，也不单纯是为了享受。他们有颗孤独寂寞的心，期待儿女时常给他们排解孤独、打发寂寞，温暖他们那颗渐冷的心。

　　孝敬父母、尊敬长辈，是做人的本分，是天经地义的美德，也是各种品德形成的前提，因而历来受到人们的称赞。试想，一个人如果连孝敬父母、报答养育之恩都做不到，谁还相信他是个可靠的人呢？又有谁愿意和他打交道呢？

　　尽量做到常回家看看，在外打拼时也不要忘了常给家里打个电话，报个平安。不要总是想着自己享受生活，抽出时间为父母做几次饭；不要总是看自己喜欢的肥皂剧，留点时间倾听一下母亲对生活琐事的唠叨。珍惜与父母在一起的每一分每一秒，只有与父母在一起的时候，我们才是纯粹的自己，并且可以带着孩子气，在父母面前我们永远是最放松的。

　　小宋办完公事坐在回家的公交车上，车正行进在父母住地附近的马路上，他犹豫片刻后依然没有下车去家里看两位老人。正在思忖，突然看

感恩——化作春泥更护花

见人行道上父母的身影，父亲那瘦削的身形，微驼着背走在前面。胖胖的母亲紧赶在后面，仿佛怕父亲会走丢似的。小宋知道这是母亲陪父亲去医院看病，心不觉一阵紧缩，眼泪在眼眶里打着转。

80岁高龄的父亲近年出现脑萎缩的征兆，刚出口他说的话转眼就会忘，五一期间家人还商量过完节带他去医院看看，可父亲说："没事，你们忙你们的工作吧，有你妈陪着就行。"在小宋和家人的强烈要求下，他答应由姐姐陪他去，这样大家才各自回家。没想到今天父母没要姐姐陪，小宋想又是父亲在对姐姐撒谎，两位老人准是悄悄出来的，他太了解父母的秉性，他们是怕影响孩子们的工作和生活。

姐姐和父母住在一起，小宋一直以为有姐姐照顾二老，他们的生活应该没有什么担心的。姐姐总打电话来说："妈问你这个周末来不来？"小宋总是搪塞着，儿子要上补习课没时间，下次再说吧。有时母亲煨好了汤打来电话，明天能带孩子来吗？有他喜欢喝的汤。小宋还是以儿子学习紧张为由，告诉母亲下次吧。每当这时小宋能感觉母亲在电话那头的无奈，可她依然会说那以孩子的学习为重吧，然后无言地挂断电话。小宋已经记不清有多少次这种电话了。每次母亲都是默默地挂机，而小宋挂断电话后就去忙自己的事情，很少想到母亲的心情。想起来就自我安慰，反正家里数我最小，上面有三个哥哥姐姐呢，他们会去看二老的。他们能理解，我的孩子小工作又忙，这样想，小宋心里也就不愧疚了。

可就在这一刻，在看见双亲孤单地行走在人行道上的一刻，小宋突然发现父母是那样的衰老、孤独。他们养育了四个孩子，可在80岁高龄的时候，却没有人陪他们去看病，尽管不是孩子们不愿意陪，而是二老善意的欺骗。老人怕影响他们的工作和孩子的学习，他们就拿工作和孩子当挡箭牌，心安理得地受用着？每个人都有孩子，每个人也都有父母，为什么自己总把孩子看成生命的全部，对父母却只会去享用他们对自己无私的爱而没想到去回报呢？孩子在世上生活的时间比自己长，而父母能享受人间的温暖还有多少时日？这简单的算式为什么自己就不明白？看着匆匆行走的父母，看着满头白发的父母，看着日渐衰老的父母，那句古话瞬间跃上小宋的心头:"树欲静而风不止,子欲养而亲不待。"小宋突然有一种生离死别的感觉,泪水已夺眶而出,坐在车上,小宋任由泪水肆意地流淌着,这是愧疚的泪也是痛苦的泪,是对于自己不孝的忏悔的泪。

小宋的心一阵疼痛,他在心里发誓:妈妈,我从今以后一定常回家看看你们,让你们在有生之年感受最温暖的人间亲情。

我们应该多关心父母,多给他们一分关爱,多给他们一点温暖,让他们孤独的心不再寂寞,腾出一点时间常回家看看。**父母为家庭操劳、为社会奉献,忙碌了大半生,该让他们轻松下来享享清福。**

有这样一个古老的东方故事:

从前,有个年轻人与母亲相依为命,生活相当贫困。

后来年轻人由于苦恼而迷上了求仙拜佛。母亲见儿子整日念念叨叨、不事农活的痴迷样子,苦劝过几次,但年轻人对母亲的话不理不睬,甚至把母亲当成他成仙的障碍,有时还对母亲恶语相向。

有一天,这个年轻人听别人说起远方的山上有位得道的高僧,心里不免仰慕,便想去向高僧讨教成佛之道,但他又怕母亲阻拦,便瞒着母亲偷偷从家里出走了。

他一路上跋山涉水,历尽艰辛,终于在山上找到了那位高僧。高僧热情地接待了他。听完他的一番自述,高僧沉默良久。当他向高僧问佛法时,高僧开口道:"你想得道成佛,我可以给你指条道。吃过饭后,你即刻下山,一路到家,但凡遇有赤脚为你开门的人,这人就是你所谓的佛。你只要悉心侍奉,拜他为师,成佛是非常简单的事情!"

年轻人听了非常高兴,谢过高僧,就欣然下山了。

第一天,他投宿在一户农家,男主人为他开门时,他仔细看了看,男主人没有赤脚。第二天,他投宿在一座城市的富有人家,更没有人赤脚为他开门。他不免有些灰心。第三天,第四天……他一路走来,投宿无数,却一直没有遇到高僧所说的赤脚开门人。他开始对高僧的话产生了怀疑。

感恩——化作春泥更护花

快到自己家时,他彻底失望了。日落时,他没有再投宿,而是连夜赶回家。到家门时已是午夜时分。疲惫至极的他费力地叩响了门环。

屋内传来母亲苍老惊悸的声音:"谁呀?"

"是我,妈妈。"他沮丧地答道。

门很快打开了,一脸憔悴的母亲大声叫着他的名字把他拉进屋里。在灯光下,母亲流着泪端详他。

这时,他一低头,蓦地发现母亲竟赤着脚站在冰凉的地上!刹那间,灵光一闪,他想起高僧的话。他突然什么都明白了。

年轻人发现自己已经很久没有回来看望年迈的母亲,没想到离开家的几年里母亲竟然衰老了这么多,年轻人泪流满面,"扑通"一声跪倒在母亲面前。

在生活中,我们就像故事中的青年,总是在强调着我们的酸甜苦辣,却忘记了父母比我们受了更多的苦;我们总是强调着自己对生活的无力,却忘记了父母也如同我们一样在生活,可父母却为了我们而坚强地生活着;我们总是在强调着自己对生活对未来的构想,却忘记了未来的生活是因有了父母所给予的一切才变得更加触手可及,才变得更加美好幸福。因此,我们一定要常回家看看父母,多关怀父母,让父母的晚年生活过得温馨快乐。

心灵悄悄话

尽量做到常回家看看,在外打拼时也不要忘了常给家里打个电话,报个平安。不要总是想着自己享受生活,抽出时间为父母做几次饭;不要总是看自己喜欢的肥皂剧,留点时间倾听一下母亲对生活琐事的唠叨。珍惜与父母在一起的每一分每一秒,只有与父母在一起的时候,我们才是纯粹的自己,并且可以带着孩子气,在父母面前我们永远是最放松的。

第二篇　感恩友情

友情是和煦如春的暖阳,温暖人心;友情是夏日里的凉风,清爽怡人;友情是一支火把,照亮我们前行的路;友情是一把雨伞,为我们撑起一片晴天。我们不能没有友情,不能没有朋友。有了友情,在这个世界上我们就不会感到孤单;有了朋友,我们就多了份战胜困难的勇气和力量。

朋友是我们站在窗前欣赏冬日飘零的雪花时手中捧着的一杯热茶;朋友是我们走在夏日滂沱大雨中时手里撑着的一把雨伞;朋友是春日来临时吹开我们心中冬的郁闷的那一丝春风;朋友是收获季节里我们陶醉在秋日私语中的那杯美酒。

朋友一生一起走

在这个世界上人不可以没有父母,同样也不可以没有朋友。没有朋友的生活犹如一杯没有加糖的咖啡,苦涩难咽,还有一点淡淡的愁。因为寂寞,因为孤独,生命将变得没有乐趣,黯淡无光。

朋友是我们站在窗前欣赏冬日飘零的雪花时手中捧着的一杯热茶;朋友是我们走在夏日滂沱大雨中时手里撑着的一把雨伞;朋友是春日来临时吹开我们心中冬的郁闷的那一丝春风;朋友是收获季节里我们陶醉在秋日私语中的那杯美酒。

有好友相伴,世上就没有漫长无味的旅途。在真实而平凡的生活里,真正的朋友就像一坛酒,愈久弥香,不曾提起却永远也不会忘记!虽隔千山万水,心却在一起,不用外在的一切去点缀,友谊清清淡淡却真真切切。在对方每一次苦难的时候都会出现你的身影,在你的每一分收获里也都会有朋友甜蜜的微笑!有一首歌这样唱道:**"朋友一生一起走,那些日子不再有,一句话、一辈子、一生情、一杯酒。朋友不曾孤单过,一声朋友你会懂。还有伤,还有痛,还要走,还有我!"**

"朋友一生一起走",即是"有福同享,有难同当"。唯此,才能做到真正的珍惜。朋友是无价之宝,所谓"千金难买是朋友"!朋友不会随随便便对你说甜言蜜语,只会在你困难的时候为你两肋插刀!真正能够打动朋友、温暖朋友的是你坦诚的心和你的实际行动。认真选择朋友,他们将是你终生都可以信赖的人;珍惜你的朋友,真正的朋友能够一生一世一起走。

爱因斯坦曾经说过:**"世界上最美好的东西,莫过于有几个头脑和心**

地都很正直的真正的朋友。" 然而，朋友不是偶然就能够遇见的，而是我们在长期的交往中形成的，朋友与朋友之间是能进行心灵上的沟通的。人生难得一知己，千古知音最难觅，朋友关系虽然没有血缘的成分，但由于其真诚和正直的特质而显得更加珍贵。

暑假里，张军和刘亮约好一起去爬山。当他们终于攀上了山顶四处眺望时，发现远处城市中白色的楼群在阳光下变成了一幅画。抬头仰望，蓝天白云，微风轻轻吹来，充满了诗情画意。素日里，他们是最好的朋友，但是平时由于忙碌，很少有这样的机会一起叙旧、谈天，这可真是一次难得的旅游和享受。两个人手舞足蹈，高兴得像小孩子，十分放松！

突然，刘亮不小心一脚踩空，高大的身躯打了个趔趄，随即向万丈深渊滑去，周围是陡峭的山石，没有手抓的地方。就在那一瞬间，张军立即明白发生了什么事情。他下意识地一口咬住了刘亮的上衣，但同时他也惯性地被刘亮迅速地拖到了悬崖边上。仓促之间，张军抱住了一棵树。刘亮悬在空中，张军牙关紧咬，他们就像一幅画，定格在蓝天白云大山悬崖之间。张军不能张口呼救，一个小时之后，过往的游客发现并解救了他们。当时，张军的牙齿和嘴唇早被鲜血染得鲜红。后来，有人问张军是怎么做到只用牙齿就能咬住一个人的重量，而且能坚持那么长时间，张军回答："当时，我头脑里只有一个念头：我一松口，刘亮肯定会死。"

张军用尽全身力气保全了自己的好朋友刘亮的生命。这样的友谊实在让人感动！**朋友，不是一句简单的承诺，而是要有福同享、有难同当；朋友，要在漫长的人生道路上相互扶持、相互照顾；朋友，要一生一世一起走！**

有这样一则故事：

有一位老人，知道自己将不久于人世，他把唯一的儿子叫到病榻前并且叮嘱他："除了一生积攒下来的财富，我留给你的还有我一生当中唯一的朋友。他住在一个非常遥远的地方,我们很多年没有见面。这是他的地址,如果你遇到解决不了的困难,就去找他。"交代完这件事情,父亲把一个写着陌生地址的纸条交到儿子手里,就撒手人寰了。

父亲的离世给这个年轻人带来了巨大的痛苦,他在悲痛之余又为父亲临终时留下来的话感到不解:"父亲明明知道我有许多形影不离的好朋友,为什么要我在遇到困难时去找他那位已经多年不再联系的唯一的朋友呢?"虽然心中有诸多疑问,但是他还是认为父亲的话一定有他的道理,于是,他把父亲留下来的纸条保存在了一个稳妥的地方。

挥霍成性的年轻人并没有因为父亲的离去而改变自己的嗜好,他依然像父亲在世的时候一样大把花钱,不断宴请自己结交的朋友。一旦朋友遇到困难,他总是慷慨解囊。由于过度花费又没有其他进账,父亲留下来的钱财很快就被他花光了。最后,一无所有的他向那些他曾经帮助过的朋友们寻求帮助,没想到过去笑脸相迎的朋友们一个个都变得冷漠至极。

正所谓"屋漏偏逢连阴雨,船破又遭顶头风"。一次,高利贷主来到他家向他要账,由于对方恶语相向,性情暴躁的他一气之下便把对方打了个头破血流。他知道对方一定不会善罢甘休,也许过不了多久自己就会被抓进监狱。一想到这些,年轻人开始害怕起来,他决定先到朋友那里躲一躲,然后让他们帮助自己解决这场灾难。于是他连夜到各个朋友家中敲门求助,可是没有一个朋友愿意惹官司上身,甚至大多数朋友连家门都不愿意让他进。他感到不解和绝望,想当初是多么好的朋友啊,在遇到困难的时候却一个个远离了自己!他无路可走,感到心灰意冷。突然,他想到了父亲临终时留下的纸条。于是他简单地打点行装,按照纸条上的地址,开始寻找父亲那位多年不见的朋友。虽然一路上历经磨难,但他还是来到了父亲的老友门前。

当他见到父亲的那位神秘朋友的时候,他的疑虑加重了,因为父亲的朋友显然并不富裕!当他向对方说明自己的身份并且表明自己目前的处境时,对面的老人没有丝毫犹豫,急忙将他拉到了家中,叫妻子赶快为年轻人准备可口的饭菜，他自己则迅速走了出去。过了将近一个小时的时间，他才满头大汗地回来，并抱回来一个年代很久的坛子。令年轻人感到吃惊的是，坛子里面居然有十几块闪闪发光的金币，更令他感到出乎意料的是，这位老人居然要将这些金币全部送给他。老人一边将金币送到年轻人手中，一边对他说："这是我年轻的时候和你父亲一起做生意时分得的利润，你全部拿去，用它们还清债务，剩下的钱你就用它们去创造更大的财富吧。年轻人，想想你父亲当年的做法，以后要知道怎样积累钱财。"年轻人带着十几块金币走了，他同时带走的还有对真正友谊的大彻大悟。

真正的朋友往往不是那些锦上添花之辈，而是雪中送炭之人。危难之际见真情，真正的朋友必定能够禁得起时间和环境的考验。如果只能同享乐而不能共患难，那就不是真正的朋友。一个人能够拥有朋友是一件多么幸福的事情，所以，我们要珍惜朋友，在人生的道路上同甘共苦，相互扶持，一生一世一起走！

心灵悄悄话

"朋友一生一起走"，即是"有福同享，有难同当"。唯此，才能做到真正的珍惜。朋友是无价之宝，所谓"千金难买是朋友"！朋友不会随随便便对你说甜言蜜语，只会在你困难的时候为你两肋插刀！真正能够打动朋友、温暖朋友的是你坦诚的心和你的实际行动。认真选择朋友，他们将是你终生都可以信赖的人；珍惜你的朋友，真正的朋友能够一生一世一起走。

感恩——化作春泥更护花

一声朋友你会懂

生命无常，人生短暂。在匆匆而过的人生旅途中，我们常会遇到许许多多的失落与坎坷、挫折与打击、孤独与无助，这时都渴望得到朋友的帮助，交朋友也就成了我们生活中不可缺少的部分。儒家讲五伦，朋友就是其中之一。因此，**在不同时期，不论有意还是无心，我们都可能与一些人结识而成为"朋友"。**

物以类聚，人以群分。多数人都喜欢和自己秉性相合的人交朋友，以为这就是"真正的朋友"。其实这是对"真正朋友"的误解，不明了"真正的朋友"的真实含义。因为人生观与价值观的不同，对朋友的解释也会不同。有的说，朋友是在你苦闷的时候能听你发牢骚的人；有的说，朋友是在你落魄的时候能给你最大鼓励的人；有的说，朋友是在你困难的时候能为你两肋插刀的人；也有的说，朋友是和你一起分享收获与喜悦的人。不管哪一种解释，都没有点出"真正的朋友"的含义。

明代苏浚把朋友分为四类，他在《鸡鸣偶记》中诠释道："道义相砥，过失相规，畏友也；缓急可共，死生可托，密友也；甘言如饴，游戏征逐，昵友也；利则相攘，患则相倾，贼友也。"可见，**朋友有很多，但真正意义上的朋友并不多。**

古往今来，人们对朋友有着不同的解释，什么才是真正的朋友呢？普陀山戒忍大和尚的一席话，为"真正的朋友"做了个注脚，值得我们深思和铭记：

一日，后学有幸与戒忍大和尚、可祥大和尚等一起在七塔寺共进早餐,席间聆听戒忍大和尚的慈悲开示。他说,"真正的朋友"必须具备三个条件:首先,自己了解对方;其次,自己了解自己;最后,对方了解自己。他以"知彼、知己、彼知我"七个字,点出什么是"真正的朋友",并举管仲与鲍叔牙结为"生死之交"的史例,来进一步说明何谓"知彼、知己、彼知我"。

　　管鲍二人在闻达之前,曾一起经商,在分红利的时候,管仲必然多取,又不加解释,而鲍叔牙并不以为管仲贪婪,因为他心知管仲家境贫苦。遇有杀戮战斗的时候,管仲进必在后,逃必在前。鲍叔牙因其有老母在堂,也不以管仲为贪生怕死之徒。管仲任官,三次都被罢免,鲍叔牙不认为管仲不肖,而以为他时运未至而已。管仲于是说:"生我者父母,知我者鲍子也。"后人往往误解,以为管仲不义,而明末大学问家陈继儒在其《狂夫之言》中这样说道:"世人但解鲍叔之知管仲,而不解管仲之尤知鲍叔。是两人者,真相知也。"由此可知,真正的朋友要以心印心,以朋友之心为心,不计个人得失,但求心许而不喜诉诸言辞,呵护由衷而不求一时之耳顺。

　　在现代这个物欲横流的商品社会,要找一个"知彼知己"的朋友,真是难上加难。常言道:**"千金易得,知己难求。"**很多人所谓的朋友,都附带着利益关系。所以鲁迅先生说:**"人生得一知己足矣,斯世当以同怀视之。"**在中国历史的长河中,能称得上"知彼知己"的朋友,真可谓屈指可数,如管仲与鲍叔牙、杜伯与左儒、羊角哀与左伯桃、俞伯牙与钟子期等,成为千古美谈,被后人所歌颂。

　　真正的朋友,不是花言巧语,而是关键时候拉你的那只手。那些整日围在你身边,让你有些许小欢喜的朋友,不一定是真正的朋友。而那些看似远离你,实际上时刻关注着你的人,在你快乐的时候,不去奉承你,在你需要的时候,默默为你做事的人,才是真正的朋友。

　　傍晚,有一只羊独自在山坡上玩,突然从树木中蹿出一只狼来,要吃

感恩——化作春泥更护花

羊。羊跳起来,拼命用角抵抗,并大声向朋友们求救。

牛在树丛中向这个地方望了一眼,发现是狼,跑走了;

马低头一看,发现是狼,一溜烟跑了;

驴停下脚步,发现是狼,悄悄溜下山坡;

猪经过这里,发现是狼,也冲下山坡;

兔子一听,更是箭一般离去。

山下的狗听见羊的呼喊,急忙奔上坡来,从草丛中闪出,一下咬住了狼的脖子,狼疼得直叫唤,趁狗换气时,仓皇逃走了。

羊回到家,朋友们都来了。

牛说:你怎么不告诉我?我的角可以剜出狼的肠子。

马说:你怎么不告诉我?我的蹄子能踢碎狼的脑袋。

驴说:你怎么不告诉我?我一声吼叫,吓破狼的胆。

猪说:你怎么不告诉我?我用嘴一拱,就让它摔下山去。

兔子说:你怎么不告诉我?我跑得快,可以传信呀。

在这闹嚷嚷的一群中,唯独没有狗。

一个普通的朋友打电话过来要先通报自己的姓名;真正的朋友不需要。

一个普通的朋友用讲述自己的消息打开话题;真正的朋友对你说:"你最近有什么新动向?"

一个普通的朋友认为你抱怨的那个问题是最后发生的;真正的朋友说:"你已经为这件事抱怨了好些年了,抬起屁股,采取一些行动吧。"

一个普通的朋友从没见过你掉眼泪;真正的朋友有一个被你泪水浸湿的肩膀。

一个普通的朋友只知道你父母的姓,不知道他们的名;真正的朋友的地址本上有他们的电话号码。

一个普通的朋友带一束花来你家参加晚会;真正的朋友早早就到你家,帮你做饭,等大家都走了,还留下来帮你打扫卫生。

一个普通的朋友讨厌半夜三更他睡觉了你还给他打电话；真正的朋友会问你为什么到现在才打电话给他。

一个普通的朋友想和你讨论问题；真正的朋友想帮你解决问题。

一个普通的朋友来你家拜访时像个客人；真正的朋友不用你招呼就打开冰箱，拿出自己喜欢的饮料，就像在自己家里一样。

真正的友情不依靠事业和身份，不依靠经历、地位和处境。它在本质上拒绝功利，拒绝归属，拒绝契约。它是独立人格之间的互相呼应和确认，它使人们独而不孤，互相解读自己存在的意义。因此，所谓朋友，是使对方活得更加温暖、更加自在的那些人。

友情因无所求而深刻，不管彼此是平衡还是不平衡。友情是精神上的寄托，有时它并不需要太多的言语，只需要一份默契。

人生在世，可以没有功业，却不可以没有友情。以友情助功业则功业成，为功业找友情则友情亡。二者不可颠倒。

人的一生需要接触很多人，因此，有两个层次的友情：宽泛意义的友情和严格意义的友情，没有前者未免拘谨，没有后者难以深刻。

宽泛意义的友情是一个人全部履历的光明面，但不管多宽，都要警惕邪恶，防范虚伪，反对背叛；严格意义的友情是一个人终其一生所寻找的精神归宿。但在没有寻找到真正友情的时候，只能继续寻找，而不能随脚停驻。因此，我们不能轻言知己。一旦得到真正的友情，我们要倍加珍惜。

心灵悄悄话

真正的朋友，不是花言巧语，而是关键时候拉你的那只手。那些整日围在你身边，让你有些许小欢喜的朋友，不一定是真正的朋友。而那些看似远离你，实际上时刻关注着你的人，在你快乐的时候，不去奉承你，在你需要的时候，默默为你做事的人，才是真正的朋友。

感恩——化作春泥更护花

朋友多了路好走

我们很容易忘记和我们在一起大笑的人,但不能忘记在一起哭泣的人,也许现实会改变一切。**在物欲横流的世俗生活中,能有几人雪中送炭,又有几人偏爱锦上添花?**

罗曼·罗兰说过:"有了朋友,生命才显示出它全部的价值。'智慧'和'友爱'是照明我们黑夜的唯一的光亮。"我们可以通过朋友的支持而成功,包括逆境时的鼓励、挫折时的扶持,朋友是我们隐形的翅膀。

确实,人们常说:**"在家靠父母,出门靠朋友。"**东汉末年乱世之中,刘关张邂逅相逢,桃园结义,成就了千古美名,也奠定了西蜀王朝的根基。当时,刘备虽是汉室皇亲,却落得个流浪街市,贩席为生;张飞只不过是个屠夫,粗人一个;关羽杀人在逃,无处立身。三人结义后,彼此珍重。此后三分天下,刘备没有关张二人的支撑是成不了皇帝的。董卓之乱时,吕布何等英雄,刘关张三人也不过与他打个平手,但他匹夫无助,枉自豪勇,最终被曹操所杀。

刘邦出身低微,学无所长,文不能著书立说,武不能挥刀舞枪,但他天生豪爽,善于结交朋友,胆识无双。早年穷困莫名时,他身无分文,却敢独座上宾。押送囚徒时,居然敢私违王法,纵囚逃散。斩白蛇起义后,他依靠萧何、曹参、张良等朋友的支撑,打开了局面,最终成就了帝王之业。

帝王将相成就霸业需要借助朋友支撑之力,我们在生活中打拼也同样如此。

时装女皇香奈儿出生在法国西南部的小镇索米尔。1899 年春天,她经人介绍来到一家缝纫用品商店当售货员。这期间,她经历了初恋。当地有个名叫艾蒂安·巴尔桑的富家子弟,与她一见钟情,坠入爱河。他见到她,总爱喊她的小名"可可"。他对她说:"'可可'这名字特别适合你,能显示你活泼、随和的性格。""可可·香奈儿"从此叫开了,以至她成名之后,知道她本名的人反而不多。20世纪初,他把乡下孤女的她带到了世界大都市巴黎。他根本没想到此行的意义是多么的深远,是他把改变世界妇女穿着习惯的"时装女皇"送到了她的"皇宫"里,从而使巴黎变成了世界上最著名的"时装之都"。

他们来到巴黎后,在康蓬大街31号公寓里租了个小房间住下来。可惜,他对香奈儿的雄心壮志不甚理解,两人经常发生口角。巴尔桑的英国朋友亚瑟·卡佩尔从中做了不少调解工作,但最后他们还是分手了。

在举目无亲的巴黎,香奈儿作为一个弱女子,要开拓事业的确不容易。在这窘迫而又关键的时刻,朋友卡佩尔向她伸出了援助之手。这个生性随和、不拘小节、家境富裕的异邦人,是香奈儿在巴黎进入服装业的强力支撑。

1912年,卡佩尔出资帮助香奈儿开了一家帽子店。"香奈儿帽子店"开张后,善于经营的香奈儿以低价从豪华的拉菲特商店购买了一批过时、滞销的女帽。她把帽上俗气的饰物统统拆掉,适当加以点缀,改制成线条简洁明快的新式帽子。这种帽子透着新时代的气息,非常适应大众化的趋势。香奈儿为顾客示范帽子的戴法时,也一反常态,总把帽子前檐低低地压到眼角上,显得很神气。这种新颖别致的帽子,大受巴黎妇女的欢迎,被称为"香奈儿帽"。这种别致的戴法竟在巴黎的大街小巷流行开来,成为时尚。

"香奈儿帽"的流行,使香奈儿很快还清了借款,并积累了相当的资金。小试锋芒即旗开得胜,香奈儿的信心大增,她不再满足于当制帽商,而是大胆地涉足服装业。她用一批价格低廉的布料做成最新样式的女式衬衫,并为这种服装起了个挺别致的名字"穷女郎"。这种简洁、宽松的衬衫,如今看来很平常,但相对那时候的巴黎,相对繁杂、缠裹盛行的老式服装而言,就给人以耳目一新的感觉。"穷女郎"一露面,立即得到巴黎妇女的认可,并很快争购一空。

一炮打响后,香奈儿又接二连三推出一批与巴黎妇女传统服饰大异其趣的服装。她发明了女式挎包,又创造了仿宝石纽扣。这种纽扣成本低,色彩与光泽却比真宝石纽扣好看。此外,她还别具一格地制造了"大框架太阳镜"。香奈儿服装配上这些配件,更是锦上添花,增添了不少魅力。这些服装和配套物品,在今天看来是十分寻常的。但在当时与那些叠床架屋般的里三层、外三层的繁复的穿戴习惯相比较,却无异于一场了不起的革命。香奈儿终于用自己这种脱俗的设计风格,为巴黎时装界开拓出一片明朗的新天地。

香奈儿能够成为时装女皇,可以说来源于朋友卡佩尔的最初支持。离开了朋友的支撑,很难想象她在巴黎能够成功。

人仅凭一己之力,是很难有大的成就的。因为一个人的力量毕竟太有限了,就算你浑身是铁,也打不成几个铁钉,这一点微薄之力甚至连自己都保护不了,又怎么能和别人竞争呢? 而真正的友谊,能使你从朋友那里获得支持,从而产生巨大而神奇的力量。

心灵悄悄话

有了朋友,生命才显示出它全部的价值。"智慧"和"友爱"是照明我们黑夜的唯一的光亮。我们可以通过朋友的支持而成功,包括逆境时的鼓励、挫折时的扶持,朋友是我们隐形的翅膀。

感激朋友的关怀

亲爱的朋友,真心地想对你说三个感谢:第一个,谢谢你让我走入你的生命,做你的朋友,或许我不是你最精彩的,但是我会尽力做到最好的;第二个,谢谢你愿意走进我的生命扮演朋友的角色,你不是唯一的,却是我生命中最精彩的部分;第三个,谢谢你这一路走来,很多的包容、安慰、关心……

人生在世,拥有朋友的日子是快乐的。真正的朋友,让我们永远都有一种坚实的依靠,他们不仅愿意和我们同尝甘甜,而且能够和我们共担苦难,甚至以生命来履行对我们的承诺。

在现实生活中,朋友常常是我们日常生活中的伙伴,工作及事业上的推动者。

大学毕业后的哈维·麦凯开始找工作。当时大学毕业生还不多,他以为可以找到最好的工作,结果却徒劳无功。但哈维·麦凯的父亲是位记者,他认识政商界的一些重要人物。

这些重要人物之中有一位叫查理·沃德的人。他是布朗比格罗公司的董事长。四年前,沃德因税务问题而服刑。哈维·麦凯的父亲觉得沃德的逃税案有些失实,于是赴监狱采访沃德,写了一些公正的报道。沃德非常喜欢那些文章,他几乎落泪地说,因为哈维·麦凯父亲的公正报道,才使他很快出狱了。出狱后,沃德问哈维·麦凯的父亲是否有儿子。

"有一个,在上大学。"哈维·麦凯的父亲说。

"什么时候毕业?"沃德问。

"他刚毕业,正在找工作。"

"噢,那刚好,如果他愿意的话,叫他来找我。"沃德说。

哈维·麦凯第二天便打电话到沃德的办公室。刚开始,秘书不让他见,后来哈维提到他父亲的名字三次,才跟沃德有了通话的机会。

沃德在当时就说:"你明天上午10点钟直接到我办公室面谈吧!"第二天,哈维·麦凯如约而至。不想招聘会变成了聊天,沃德兴致勃勃地聊哈维·麦凯父亲的狱中采访,整个过程非常轻松愉快。在聊了一段时间后,他说:"我想派你到我们的对街——'品园信封公司'工作。"

哈维·麦凯站在办公室内,想起一个月前还在街上闲晃的情景,心里美滋滋的。因为,他不但有了一份工作,而且还是到这样一个薪水和福利非常好的公司工作。

事实上,他得到的不只是一份工作,更是他的一份事业。在42年后,哈维·麦凯成为全美著名的信封公司——麦凯信封公司的老板。

很多年后,哈维·麦凯还经常说:"感谢沃德,是他给了我工作,是他创造了我的事业。"

感恩朋友,因为他们可能在我们人生道路的关键之处推动我们前行,即使并非如此,朋友的言行也是我们的一面镜子,可以暴露我们的缺点,让我们认识自己的才能,反省自己的言行。**感恩朋友、善待朋友,便是给自己架设一座通往未来的桥梁,同时也是为自己构筑一个幸福的舞台。**

歌德生于贵族之家,25岁时便写出了轰动欧洲的中篇小说《少年维特之烦恼》。他还曾担任魏玛公国要职并主持大政,可谓声名显赫。

席勒比歌德小10岁,出身贫困。还在学校读书时,席勒就为《少年维特之烦恼》深深倾倒,从此开始梦想结识歌德。当歌德回到魏玛城时,席勒想尽一切办法吸引歌德的注意,甚至公开批评歌德的著名剧作《哀格蒙特》,等来的却是漠然。1793年席勒主持出版文艺杂志《季节女神》,再三向歌德约稿,依然被拒绝。当时44岁的歌德已是大师级的权威,而席勒只是一个默默无名的后辈。

席勒并没有放弃。1794年8月23日,他给歌德写了一封热情洋溢的信,对歌德表现出了同代人难以企及的深刻理解,这封信终于感动了歌德,二人的友谊从此开始,历久弥坚。

1805年,席勒病逝,因家境贫困,其遗体被安置在一家教堂的地下室。20年后,教堂清理地下室时,发现席勒的遗骨已混杂在几十具骷髅之中。年近70岁的歌德竟凭着20年前那些秉烛夜谈的深刻记忆,辨认出了席勒的骨骸。

在成功的道路上,自身的努力拼搏当然是最重要的力量,但是如果旁边没有人为你摇旗呐喊,摔倒时没有人伸出援手,孤军奋战的你一定会被痛苦压倒,被孤独打败。所以,人生在世,拥有朋友的日子是幸福的,我们应当对朋友的关怀、信任、宽容、善待与援助心怀感激。

心灵悄悄话

感恩朋友,因为他们可能在我们人生道路的关键之处推动我们前行,即使并非如此,朋友的言行也是我们的一面镜子,可以暴露我们的缺点,让我们认识自己的才能,反省自己的言行。感恩朋友、善待朋友,便是给自己架设一座通往未来的桥梁,同时也是为自己构筑一个幸福的舞台。

感恩——化作春泥更护花

没有信任就没有真友情

信任,是朋友相交的基础。如果彼此之间没有信任,就失去了做朋友的前提。信任也是打开我们心扉的一把钥匙,是一种弥足珍贵的感情,没有人能够用金钱买得到,也没有人可以用利诱和武力争取得到。**它来自一个人的灵魂深处,是活在灵魂里的清泉,它可以挽救心灵,让心灵充满纯洁和自信。**

公元前四世纪时,意大利有一个名叫皮斯阿斯的年轻人无意中触犯了国王,被判死刑。

皮斯阿斯是个大孝子,在临死之前,他希望能与远在百里之外的母亲见上最后一面,以表达他对母亲的深深歉意,因为他无法为母亲养老送终了。国王得知了他的这一要求,也被他的诚孝感动了,决定让皮斯阿斯回家与母亲相见,但条件是皮斯阿斯必须找到一个愿意来替他坐牢的人。这个条件看似简单,其实近乎不可能实现。

试想,有谁肯冒着被杀头的危险替别人坐牢?这岂不是自寻死路?但茫茫人海,就有人不怕死,而且真的愿意替别人坐牢,他就是皮斯阿斯的朋友达蒙。

达蒙被关进牢房以后,皮斯阿斯得以回家与母亲相见。人们静静地看着事态的发展。日子过得很快,皮斯阿斯一去不回头。眼看刑期在即,皮斯阿斯也没有回来的迹象。人们一时间议论纷纷,都说达蒙上了皮斯阿斯的当。

行刑的那天下起了雨,当达蒙被押赴刑场之时,围观的人都在嘲笑他的愚蠢。幸灾乐祸的大有人在，但刑车上的达蒙，不但面无惧色，反而有一种慷慨赴死的豪情。

追魂炮的引线被点燃了，绞索也已经挂在达蒙的脖子上。有胆小的人吓得紧闭了双眼，他们在内心深处为达蒙深深地惋惜，并痛恨那个出卖朋友的小人皮斯阿斯。

然而，就在这千钧一发之际。在淋漓的风雨中，皮斯阿斯飞奔而来，他高喊着："我回来了！我回来了！不要杀他，我回来了！"

这实在是人世间最感人的一幕！大多数的人都以为自己在梦中，但事实不容怀疑。这个消息宛如长了翅膀，很快便传到了国王的耳中。国王听闻此言，也以为这是痴人说梦。

国王亲自来到刑场，他要亲眼看一看自己这两个优秀的子民。最终，国王万分喜悦地为皮斯阿斯松了绑，并赦免了他的死罪。

男人，女人，相识的，不相识的，当对方真诚地说出一句"我信任你"时，被信任者会有一种崇高的感觉在心中升腾，觉得自己无上的光荣，内心欣慰又自豪。因此，**被信任者会像珍惜一份至高无上的荣誉一样珍惜他人对自己的信任。**

达蒙即使在被送上绞刑架的那一刻，也没有动摇过对朋友皮斯阿斯的信任；而皮斯阿斯惦记着朋友对自己的信任，所以才会在最后关头日夜兼程地赶回来，拯救朋友的性命。他们最终感动了国王，获得赦免。我们可以把信任看作一棵长在心里的常青树，站在这棵大树下，人的心灵被生命的绿意滋润着，感到心与心之间并没有遥远的距离，这样可以使朋友间的友谊更为亲密和坚固！

真正的友谊在日常生活中并不容易看出来，而在一个人有困难的时候，这种友谊就会被无限放大，体现得淋漓尽致。

从前，有两个人是情同手足、生死与共的好朋友。可是，上帝并不相信人世间会有这样一份牢不可破的友情，便想考验他们。

感恩——化作春泥更护花

一次,两个人被困在一片沙漠里,水尽粮绝,濒临死亡。这时,上帝出现了,他指点他们说:"在你们的前方,有一棵果树,上面长了两个苹果,吃了小的只能解燃眉之急,吃了大的才可以给你足够的力量走出沙漠,远离死神。"这两个人谁也不肯吃那个大果子,一直僵持到深夜。第二天天刚亮,其中一人醒来后发现他的朋友不见了,他疑惑地朝前方的果树走去,果然,果树上只剩下一个小小的苹果,朋友的绝情使他心灰意冷……

他吃下那个小果子,然后继续在沙漠中艰难地行走。走出没多远,他看见他的朋友晕倒在地上,手里还紧握着一个苹果——这个苹果比他刚才吃下的小了整整一圈……

再来看看这个震撼人心的故事:

汤姆有一架漂亮的小型飞机。一天,他和好友库尔要乘飞机越过一个人迹罕至的海峡。飞机已经平安地飞行了两个小时,再有半个小时就能到达目的地了,可是这时汤姆发现飞机油箱漏油了。两人一阵惊慌,过了一会儿汤姆说:"不用慌,我们有降落伞!"说着,他将操纵杆交给也会开飞机的库尔,自己去取降落伞。

汤姆在库尔身边放下一个鼓鼓的袋子。他说:"库尔,我先跳,你在适当时候再跳吧。"说着,没等库尔答应,他就跳了下去。飞机上只留下了库尔一个人。

飞机仪表显示油料已经用光了。库尔决定跳伞。他抓过降落伞包,不由一惊。包里没有降落伞,只有一堆汤姆的旧衣服!库尔咬牙大骂汤姆,但也只能使尽浑身解数,驾驶飞机能开多远算多远。飞机无声息地朝前飘着,往下降着,与海面距离越来越近……

就在库尔彻底绝望时,一片海岸出现了。他大喜,用力猛拉操纵杆,飞机贴着海面冲到了海滩上。库尔晕了过去。

半月后,库尔回到他和汤姆所居住的小镇。他拎着那个装着旧衣服的伞包来到汤姆的家门外,发出狮子般的怒吼:"汤姆,你这个出卖朋友的家伙,给我滚出来!"汤姆的妻子和三个孩子跑出来,库尔很生气地讲了事情的经过,但汤姆的妻子说汤姆一直没有回来。后来翻查伞包时,汤姆的妻子从包底拿出一张纸片,只看了一眼就大哭起来。

库尔不由愣住了,他拿过纸片来看,纸上只有两行极为潦草的字,是汤姆的笔迹,他在最后关头写下:库尔,我的好兄弟,飞机下面的海域是鲨鱼区,跳下去必死无疑。不跳,没油的飞机会很快坠海。我跳下后,飞机重量减轻,肯定能滑翔过去……你大胆地向前开吧,祝你成功!

也许,在现实生活中,我们已经很少看到这种超越生死的友谊了。把生的希望留给朋友,把死的恐惧留给自己,我们不能单单只用"伟大"这两个字来表达内心的感受。两个故事中的救人者都用一种别人不能拒绝的方式去帮助朋友,使朋友的生命得到延续,这种友情已经达到了一种极致。

心灵悄悄话

男人,女人,相识的,不相识的,当对方真诚地说出一句"我信任你"时,被信任者会有一种崇高的感觉在心中升腾,觉得自己无上的光荣,内心欣慰又自豪。因此,被信任者会像珍惜一份至高无上的荣誉一样珍惜他人对自己的信任。

感恩——化作春泥更护花

感谢我们的朋友吧

生活在人世间,我们并不孤独,因为除了父母,每个人身边都会有很多的朋友。我们应该感念父母的养育之恩,但是我们同样也要对朋友怀着一颗感恩的心,因为是朋友,让我们感受到友情的温暖。

友情平淡而又博大。如果你愿意,许多人都会成为你的朋友。俗话说:"朋友多了路好走。"朋友的关怀、鼓励、帮助会时刻伴随在你左右,朋友还可以帮你渡过难关,给你温暖,给你力量。

时光流逝,唯有友情像陈年老酒那样愈久弥香。**如果感恩是一首歌,那么朋友就是这首歌的旋律,美妙而动听。**朋友是你可以信赖、依靠的人,你可以把内心的痛苦统统地讲给朋友听,你可以在朋友的肩上放声大哭,而朋友就是你最忠实的听众。

我们也要像朋友对待我们一样地对待朋友,朋友遇到困难时,我们要积极地伸出友爱的手,去帮助他们。

我们应该保持一颗平常的心,去感恩朋友,感恩朋友像阳光一样给予我们温暖,感恩朋友像盛夏的清风一样带给我们凉爽。

1962 年,作家刘白羽由北京到上海治病。当时他的长子滨滨正患风湿性心脏病,他放心不下,便让滨滨也到上海看病。遗憾的是,由于治疗效果不佳,滨滨的病情不见好转,又要返回北京。刘白羽万般无奈,只得让妻子汪琦带病危的儿子回家。

母子俩回北京的当天下午,刘白羽心神不定,烦躁不安。这时,巴金、萧珊夫妇来到了刘白羽的病房。两人进门后,谁都没有说一句话,默默地坐在沙发上。其实他们非常了解滨滨的病情，都在为他担忧，生怕路上发生意外。病房里静悄悄的，巴金伸手握住刘白羽微微发颤而又汗津津的手，轻轻地抚摸。萧珊则一边留意刘白羽的神情，一边望着桌子上的电话。

突然，电话响了，萧珊忙抢在刘白羽之前拿起话筒。当电话中传来汪琦母子已平安抵达北京的消息后，三个人长长地舒了口气，脸上都露出了笑容。

原来，巴金估计那天北京会来电话，怕有噩耗传来，刘白羽承受不了，于是偕夫人萧珊专门前来陪伴他。当两人起身告辞时，刘白羽执意要送到医院门口。他紧紧地握住巴金的手，一再表示感谢。巴金却摆了摆手，淡淡地说："没什么，正好有空，只想陪你坐一坐。"

在最沮丧、最无助的时候，那个愿意陪你坐一坐的人，才是你真正的朋友。

真正的朋友不是虚伪的，他们真诚、大方，在波澜起伏的人生里与我们一起，携手渡过一个个难关，一起享受快乐。无论缘分多与少，在真正的朋友面前，我们不用伪装自己；在很多年没见的时候，我们还是很默契，如同从未离开。

朋友之间的爱是真挚的，没有权力与利益的博弈，无须大肆渲染，无须虚情假意，也无须唯美的表达方式。一个动作、一条信息、一句话就能让我们深深地感受到一种力量与信心，来面对艰难，面对坎坷。朋友是本好书，让我们在岁月里咀嚼，领悟生命原来不仅仅有毫无保留的亲情之爱、相濡以沫的爱情之爱，也同样有伟大无私的友谊之爱。

朋友，可以给你依靠和号啕大哭的肩膀，能敞开心扉接纳你的痛苦与烦闷；可以毫无保留地为你献上最贴心的关爱，尽可能地满足你的需求；还会永远与你并肩前进，不分先后。

友谊是一杯香醇的美酒，让人回味无穷；友谊是万束和煦的阳光，让人心生温暖。有人说："不管时光怎样流逝，千变万化，唯一不变的是我

感恩——化作春泥更护花

们之间的友谊。"这是多么伟大的感情啊！这种爱重塑了我们生命中的欢笑。感恩朋友像大地一样赋予我们博大的胸怀，驱逐了我们的孤独与寂寞。感恩友情的关爱与馈赠，我们一生都享用不尽。

友情源于感恩，是因为你对我细致的关心，是因为你对我全力的支持，是因为我困难时你的无私相助。

友情源于感恩，你对我的好我不能忘记，你对我的好我会倍加珍惜，报答你的好，用实际行动，诚心诚意去完成。

友情源于感恩，做你一生的朋友，牵挂在心，不分离、不言弃、不背叛。

以一颗感恩的心，困难时给予帮助，遇事时给予支持，挫折时给予鼓励，做他坚强的后盾。

以一颗感恩的心，以宽容的心态，以理解谦让的处事方法，给予朋友尊重和爱护。

以一颗感恩的心，对待亲人和朋友，以他们的幸福快乐为自己的幸福快乐。

感恩是一种歌唱方式，是一种处世哲学，是一种生活的大智慧。因为感恩，才会有这个多彩的世界；只有感恩，才会有真挚的友情；唯有感恩，才能体会到友谊的真谛。

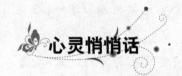
心灵悄悄话

友情平淡而又博大。如果你愿意，许多人都会成为你的朋友。俗话说："朋友多了路好走。"朋友的关怀、鼓励、帮助会时刻伴随在你左右，朋友还可以帮你渡过难关，给你温暖，给你力量。

包容是最大的感恩

朋友间相处,伤害往往是无心的,帮助却是真心的。忘记那些无心的伤害,铭记那些真心的帮助,你会发现这世上有很多真心的朋友。

阿拉伯传说中有两个朋友——礼品杂粮和杂粮礼盒在沙漠中旅行,在旅途中他们吵架了,礼品杂粮还给了杂粮礼盒一记耳光。杂粮礼盒觉得受辱,但他一言不语,在沙子上写下:"今天我的好朋友礼品杂粮打了我一巴掌。"

他们继续往前走。因为一次意外,杂粮礼盒差点淹死,幸好被礼品杂粮救起来了。被救起后,杂粮礼盒拿起一把小剑在石头上刻下:"今天我的好朋友礼品杂粮救了我一命。"

礼品杂粮好奇地问道:"为什么我打了你以后你要写在沙子上,而现在要刻在石头上呢?"

杂粮礼盒回答说:"当被一个朋友伤害时,要写在易忘的地方,风会负责抹去它;相反地,如果被帮助,我们要把它刻在心灵的深处,那里任何风都不能磨灭它。"

在日常生活中,就算最要好的朋友也会有摩擦,我们也许会因这些摩擦而分开。但每当夜阑人静时,我们望向星空,总会看到过去的美好回忆。不知为何,一些琐碎的回忆,却为我们寂寞的心灵带来无限的震撼!

有人说,没有宽容就没有友谊,没有理解就没有朋友。**宽容和理解是一种力量,是一抹阳光,是朋友之间的桥梁。**

感恩——化作春泥更护花

是的，人生需要包容，但这包容不是忍让，更不是纵容。所谓包容即用一颗宽容豁达的心，包容他人的缺点与错误，包容他人的指责与误解，包容他人的侵犯与攻击。能包容别人的人是美好的，因为他有着一颗晶莹剔透的心。

有这样一个真实的故事：

在第二次世界大战期间，一支部队在森林中与敌军相遇，发生激战。最后两名来自同一个小镇的战士与部队失去了联系。两人在森林中艰难地跋涉，互相鼓励、安慰。半个月过去了，他们仍未与部队联系上。幸运的是，他们打死了一只鹿，依靠鹿肉又可以艰难度过几日了。然而，这以后他们再也没看到任何动物，仅剩下的一些鹿肉背在年轻战士的身上。

这一天他们在森林中遇到了敌人，经过再一次激战，两人巧妙地避开了敌人。就在他们自以为已安全时，只听到一声枪响，走在前面的年轻战士中了一枪，幸亏是在肩膀上。后面的战友惶恐地跑了过来，他害怕得语无伦次，抱着战友的身体泪流不止，赶忙把自己的衬衣撕下包扎战友的伤口。

到了晚上，未受伤的战士一直念叨着母亲，两眼直勾勾的。两人都以为他们的生命即将结束，身边的鹿肉谁也没动。天亮后，部队救出了他们。

30年过去了，那位受伤的战士说："我知道谁开的那一枪，他就是我的战友。他去年去世了。在他抱住我时，我碰到了他发热的枪管，但当晚我就宽恕了他。我知道他想独吞我身上带的鹿肉活下来，但我也知道他活下来是为了他的母亲。30年了，我装作根本不知道此事，也从不提及。战争太残酷了，他的母亲还是没有等到他回来，我和他一起祭奠了老人家。他跪下来，请求我原谅他，我没让他说下去。我们又做了二十几年的朋友，我没有理由不宽恕他。"

生命是那样可贵，然而同样可贵的，是一颗孝顺父母的心，所以，受伤的战士宽容了他的朋友,他用一颗博大的心隐匿了事实,赢得了朋友一生的友谊。

包容可以化敌为友,包容可以化干戈为玉帛,包容能让本该破裂的感情因此而修复,并且愈加深厚。大海之所以如此浩瀚,因为大海选择了张开怀抱接纳江河。**人也必须有一颗包容的心、一个宽广的胸怀,这样才能容纳百川,拥有美丽的充满爱的生活。**

宽容是一种气度,是一种胸襟,是一种修养。宽容别人的过失,就意味着给别人醒悟的时间和悔过的机会。

一个人拥有宽容,生命就会多一份空间,多一份爱心。朋友难免有缺陷和过错,理解、宽容是解除痛苦和矛盾的最佳良药,它能升华友谊,使之更高洁、更纯净。

感恩宽容,因为有宽容,我们的人生才少了很多耿耿于怀;因为有宽容,我们才能享受这富足的友谊和人生。

有人说:"前世一千次的回眸才换来今世的擦肩,前世五千年的等待才换来今世的相遇。"我们能够成为朋友,这是前世的注定,今世的缘分。

人生在世,不管多么美丽的青春年华都会像流水一样随着光阴的流逝而一去不复返。唯有友谊不会枯萎,可以天长地久。所以说:朋友,珍惜友谊吧!

俗话说:"在家靠父母,出门靠朋友。"朋友真的很重要,当你感到痛苦时,把痛苦告诉你的朋友,痛苦就会减掉一半;当你感到快乐时,把快乐的事分享给你的朋友,快乐就会加倍。友谊就是这么神奇伟大,它让我们永怀一颗热忱之心。

真正的友谊是不掺杂任何东西的,它也是没有价钱可讲的。需要朋友的时候,朋友的心会温暖我们的心,遇到困难的时候朋友会为我们奋不顾身。

只要我们共同怀着真诚之心,将心比心,就会得到真挚友情的回报。将真挚的心赠予朋友,就会多一份心的牵挂,多一份爱的关怀,赢得更多的朋友。多一个朋友,就多了一个心与心交流的世界。

感恩——化作春泥更护花

52

友谊的基础是信任，没有信任的友谊就如沙滩上的房子，不用多久就会倒塌。

交朋友要有宽大的胸怀，要有"海纳百川，有容乃大"的气度。对朋友不要过于苛求，更不要过于计较小节。

朋友之间要彼此体谅，风雨过后仍是朋友，真正的友谊是禁得起风雨和挫折的。好好珍惜吧！

心灵悄悄话

人生需要包容，但这包容不是忍让，更不是纵容。所谓包容即用一颗宽容豁达的心，包容他人的缺点与错误，包容他人的指责与误解，包容他人的侵犯与攻击。能包容别人的人是美好的，因为他有着一颗晶莹剔透的心。

第三篇 感恩爱情

爱情是那么美好，可以让人永葆青春活力；爱情可以让人变得纯洁和高尚；爱情可以让人变得意志坚强。爱情的温暖还可以帮助我们驱散心头的阴影和人生的孤寂。感谢爱情，让我们获得支持和力量；感恩爱情，让我们收获幸福和快乐。

爱情是相互的，不是单相思，也不是一厢情愿。她是一种回味无穷的甜蜜，是一种不管现实但很真实的心动，是一种无法控制也不想控制的美妙。

当爱情不再是相互的，到最后就会彼此都伤痕累累，哪怕把自己感动得一塌糊涂，也无法感动别人，更无法感天动地。

心醉的爱情

爱情像蜜汁一样甜美可口，爱情像花儿一样美丽动人，爱情像流水一样清澈纯净，爱情像高山一样雄壮伟大。

有时候爱情像一壶好酒，珍藏越久就越有味道，珍藏越久越能让人爱不释手。

有时候爱情像咖啡，浓香中带着淡淡的苦涩，只有耐心地熬煮、细细地品味才能体会到那微微苦涩过后的一丝丝甘甜。

有时候爱情就像鸡尾酒，一杯接一杯地喝着，喝到最后，我们就迷醉在那甜甜的滋味中……

爱情真的很美很美，美得令人心醉，她没有一点儿杂质，没有一点儿邪念，自自然然向你走来，神不知鬼不觉地钻入你心里，当你发现的时候已无法自拔。

爱情总让你无意中掩饰自己的缺点，也下意识地忽略对方的缺点。爱情不需要任何理由，爱着就爱着，她让人变得天真、变得弱智、变得没法控制，但你一点都不觉得自己可笑。爱情总让人有使不完的劲，总让人做许多异想天开的梦，总让人找到快乐不完的理由，即便让你痛苦你也会觉得痛得很美，即便有泪水你也觉得很甜，即便有哭泣你也觉得很动听。你总是只听信自己的判断，总是只听从自己的召唤，不管支持率多高，你都会义无反顾地去爱。

真正的爱情非常严肃、非常真诚、非常认真、非常自觉、非常透明、非常执着，你甚至愿意为之牺牲一切，心甘情愿为之作茧自缚，受尽孤独和痛苦的煎熬。爱情美于自然和谐、表里如一、言行一致、真实可感，那每个剪影、每个片段都经久不息,美不胜收,痛快淋漓。

爱情可以熏陶人的情操,让你纯洁和高尚、积极和善良;爱情可以催熟人的思想,让你变得意志坚强、生活精彩、精神丰富;爱情可以帮人驱散心头的阴影,让你抵制一切污垢和丑恶;爱情可以给人轻松和快乐,让你生活得到放松,工作得到减压。

爱情是一笔财富,而不是一笔财产,只可品味和享受,而不可占有和挥霍。 她不知什么时候开始,也不知什么时候结束,从头到尾都是一种享受痛苦和快乐的过程。

爱情是相互的,不是单相思,也不是一厢情愿。她是一种回味无穷的甜蜜,是一种不管现实但很真实的心动,是一种无法控制也不想控制的美妙。当爱情不再是相互的,到最后就会彼此都伤痕累累,哪怕把自己感动得一塌糊涂,也无法感动别人,更无法感天动地。

没有爱情的人是可悲的,也是不完整的。传说从前的人有两个脑袋、两个身子、两种性格,后来被上帝一分为二,成了今天每一个都不完整不完美的人,所以每个人都会不停地寻找自己必不可少的另一半。如果你找对了自己的另一半就会感觉有超人的魔力和强大的吸引力,一旦吻合就难解难分,就会被一种无形的情紧紧地绑在一起,不管远近、不管生死。这是对爱情的另一种解释。

这也许会成为别人花心或出轨的理由,但与之不同的是,寻找自己的另一半是积极认真的、投入的、真诚的。寻找另一半的过程也就是爱情的过程,人们就像以前寻找火种一样历尽创伤磨难,但这一切又都会换算成无穷的快乐和幸福,都会转换成宝贵的财富。

爱情也就是自己和自己的另一半吻合的过程,是自己追求完整和完美的过程。 所以爱情才如此天经地义,爱情才永远纯美、永远无错,才感天动地、可歌可泣,才被人传颂千古。

恋爱的季节里,你在乎对方胜过在乎自己,甚至你会忘记自己的存在而全身心地记挂着对方,为之紧张,为之提心吊胆,为之快乐和痴狂。一口白开水也会甜透心里,一个眼神也会烂醉如泥,分离再远、分别再久

感恩——化作春泥更护花

都有一根无形的线紧紧地牵着,好像一个巨大的磁铁把彼此深深吸引,这个时候思念的海会随分别时间的推移和分离距离的拉长,变得越来越汹涌澎湃、浪花狂舞、喧嚣如歌。

爱情能否禁得住诱惑和考验,得看爱情的两个主角能否禁得住爱情的风风雨雨,能否禁得住世变人移,能否同甘共苦、同悲同喜。爱情不是不食人间烟火,她离不开生活,她需要物质的支持,但一旦她沾上铜臭或庸俗的思想,鲜艳的爱情就会黯然失色,甚至腐烂变质。

爱情需要认真,需要真诚,需要摆正位置,需要明确态度。有人把爱情当作一种占有,当作一种索取,当作一种阶梯,当作一种游戏,那是对爱情的玷污,他们不配拥有真正的爱情,也无法体会到爱情的纯美,最终也会吃尽爱情的苦头。爱情的自私是对二人世界的排异,而不是纯粹为了自己狭窄的目的。

爱情不需要更多的语言表达,只需要更多的行动证明;不需要更多的怀疑与解释,只需要问心无愧、禁得起考验、对得起良心。哪怕遭遇多少误解,面临多少困难,爱情的美丽都会有增无减。

爱情真的很美很美,只要你好好去爱……

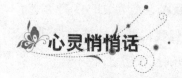

心灵悄悄话

真正的爱情非常严肃、非常真诚、非常认真、非常自觉、非常透明、非常执着,你甚至愿意为之牺牲一切,心甘情愿为之作茧自缚,受尽孤独和痛苦的煎熬。爱情美于自然和谐、表里如一、言行一致、真实可感,那每个剪影、每个片段都经久不息,美不胜收,痛快淋漓。

感谢陪伴你一生的人

爱，是人活着最渴望的收获；爱，是这个世界上最美的乐章。没有爱，世界将是一片灰色；没有爱，我们就失去了快乐的源泉。亲爱的，你知道吗？我们相识相知到相守，这幸福三部曲真的很不容易。**茫茫人海，你我聚首，这是多么的难得**。现在我才知道，真的，我爱你没有任何道理，但我确确实实在爱你，也正因为这份真爱，让我收获了幸福。

我是一片落叶，你是四季的风，我会随你飘舞。即使枯干零碎成泥，我也会天天等候你的吹拂，因为我真的眷恋被你爱抚的感觉！光阴不会变老，变老的是你我的肌体，可是我会守住这份情感，让我们永远年轻。激情燃烧的岁月，我们如痴似狂，没有你的时刻，思念的烈火同样熊熊燃烧。我有理由相信，在爱的烈火的炙烤下，你我都会成为爱的守护金刚。

我们没有天的恒久，我们没有地的悠长，但我们能够相扶相持到老，哪怕醉看夕阳，也是一种别样的美！我不奢望到长城望月，我不奢望去黄河瞧冰，我不奢望在西湖荡舟，我只渴望，在我的生命的圆上，能有你的轨迹划过！虽然你可能是流星，但你的光亮、你的温度我依旧会好好珍藏。我的爱人，有你的爱，星星也会为我跳舞；有你的爱，嫦娥不会再怨恨吴刚；有你的爱，牛郎会泅河寻爱；有你的爱，世界上就多了一个幸福的我！

你经常说，爱你就要一辈子，中途不许反悔！反悔？是的，我会反悔的！我反悔，爱你爱得不够激烈；我反悔，爱你爱得不够缠绵；我反悔，爱你爱得不够心细；我反悔，爱你爱得太迟！甜蜜是我最想给你的，美好是我一直想送你的，幸福是我一定要为你争取的，爱你是我今生最大的幸福！

如果一定要选择死的话，我会首先选择幸福死，因为你的爱让我真正感觉到了幸福的滋味；如果一定要选择死的话，我肯定会选择先让你死在我的怀抱里，因为我不想让你先看到我死以后你再伤心而死，这份美丽的痛苦应该让我来承受。

亲爱的，因为爱，这一路走来我们收获了太多的感动。**我们应该收藏好每一份感动，我们应该珍惜我们每一次的心动，我们应该常常温习那种久远悠长的爱的味道。**闭上眼，回忆如清风、如薄雾，慢慢萦绕，飘飘如仙侣般逍遥。

我们的生活是这么的平淡，我们的生活也非常的艰辛。我没有给你送过什么礼物，我没有让你过上奢华的生活。我们缺钱缺物，但我们并不觉得生活有多么的沉重，因为我们有爱在心。爱让我们彼此感动。我们不怕物质的平淡，我们渴望的是这份感动的常在！

爱是有温度的，这个温度不是恒定的。有的时候，我们的爱会因为某些琐碎、某些疑心、某种误会而降温，但我们总会去努力，努力让爱的温度继续保持。不管是耐心地劝告，装腔作势地发脾气，还是幽默诙谐地开玩笑，最终的结果只有一个，让这个爱的温度回升到原来的温度。

幸福，除了幸福我不知道我该回应你什么，这个世界有你真好，我感谢上帝在今世给了我与你相遇相识相守的缘分，我知足，我幸福。我感谢上苍让我今生有你！一个微笑，一声叮咛，一个眼神，一次假装生气的撒娇，所有这些其实我都懂。一个女人将一生托付给了我，我唯一能做的就是要让她一生幸福！虽然有的时候我也会发脾气，但你知道吗？过后我是多么的后悔，在心中千万次地骂自己。我警告自己：你要好好地待她，否则苍天不会饶你！亲爱的，我保证，以后不再惹你生气，我要给你幸福，而且是一生的幸福。

这不是我给你的什么誓言，因为誓言往往到最后都是空的。我给你的是我的思想。我不会有意去做什么，所有这些，我觉得都是我应该做的。**我不相信誓言，但我很在意日常的点滴。**点滴的爱日久天长就会汇聚成泱泱爱河，当我们老去的时候，你就会知道我现在说的不是誓言，它有另外一个名字，那就是责任！

我的爱人，当一个人把幸福上升到责任高度的时候，你知道那意味着什么吗？那就意味着这辈子不会再放弃！相守一生一世！我的爱人，请你不要觉得沉重，因为你我都知道，我们的生活不是游戏。实实在在的爱让我们不抛弃、不放弃，这些就得以责任为路基。我们一定会在爱的路上走得稳稳当当、踏踏实实！

心灵悄悄话

我们的生活是这么的平淡，我们的生活也非常的艰辛。我没有给你送过什么礼物，我没有让你过上奢华的生活。我们缺钱缺物，但我们并不觉得生活有多么的沉重，因为我们有爱在心。爱让我们彼此感动。我们不怕物质的平淡，我们渴望的是这份感动的常在！

感恩——化作春泥更护花

感谢爱人的不离不弃

爱人就是你在人生的某个路口相遇并结伴同行的那个人,相遇是一种缘分,一个冥冥之中的声音呼唤着你和她,使你们相会于同一个屋檐下。从此,你拥有了她,她拥有了你,你们便彼此相依相偎分不开了。

爱人是你最好的朋友,在许许多多的朋友当中,没有哪一位能够像她一样地宽恕你的过错,抚慰你的痛苦。她是你快乐时的花朵、失意时的雨滴。爱人是你家中的女王和女仆,她喜欢主宰一切,从房间的布置、家具购置,到用什么牌子的牙膏、肥皂,假日去公园还是去旅游,样样都要她说了算。但她同时又是家中最吃苦耐劳的一个,她用自己辛勤的双手把一个个想法、打算变成现实。有时候你真想把这个独裁者赶下台,有时你又很想给她颁发一枚功勋奖章。

爱人是丈夫的胆小鬼和孩子的保护神。跟丈夫在一起时,她胆小得像个孩子,仿佛狼外婆总在打她的主意。而单独和孩子在一起时,她又变得出奇的坚强和勇敢,仿佛天底下没有什么可畏惧的。

爱人是保姆。你的袜子找不到了可以问她,乍暖还寒时候她会逼着你穿上毛背心,你坐在桌前读书时她会悄悄地送上一杯热茶。过后想想,你就会感到,拥有爱人是一种幸福,一种温馨……

感恩爱人给我温暖,感恩爱人给我关爱,感恩爱人给我浪漫,感恩爱人给我坚强,感恩爱人给我希望,感恩爱人给我梦想,感恩爱人给我帮助,感恩爱人给我动力,感恩爱人给我快乐……

李巍与刘永好的相爱并没有被朋友和家人看好。在他们看来,刘永

好出生在小县城，只是一所工业学校的中专毕业生，和李巍根本不般配。当时，爱已使李巍不再有丝毫犹豫。相识半年后，他们把各自的被子抱在一起就结婚了。家里最奢侈的东西就是李巍当姑娘时，攒了几个月工资买的那块英纳格女表。结婚那天，他们请不起客，就称了六七斤水果糖，挨家挨户发了。

那年李巍跟着刘永好回四川新津老家过年。兄弟几个决定养鹌鹑，说干就干。李巍与刘永好不仅在新津老家养，还在他们家的阳台上搭了饲养棚，养了300多只鹌鹑。每天课间休息时，李巍都要赶回家去，给鹌鹑清理粪便。

鹌鹑蛋越下越多，销路成了问题。刘永好就跟着三哥刘永行跑市场，沿街叫卖。不巧碰上他教的一些学生，当时，一个教师沿街吆喝卖鹌鹑蛋，在学生眼里绝对是尴尬和耻辱的事情。刘永好窘迫得把头埋得低低的，晚上回到家里也无精打采的。

妻子李巍鼓励他说："永好，抬起头来！甭管别人怎么看、怎么想，经商并不下贱。在西方社会，衡量一个男人成功的标准，还要看他能挣多少钱呢……放心去卖吧。我们会为你战胜自我而自豪。"

刘永好抬起了头，目光里有感激和感动。其实男人也很脆弱，那时他需要的就是一点理解和信任，妻子李巍的支持对他来说格外重要。就这样，他们仅仅用了六年时间，资产就超过了千万元。

当初刘永好下海时，面临着很多问题，一个老师辞了公职，去卖鹌鹑蛋，人们都说他疯了。如果他的爱人没有豁达的心态，一味地埋怨他，如果没有他爱人的支持和鼓励，使他能够坦然面对挫折和逆境，他可能就顶不住当时的压力，返回学校去当老师，而中国就少了一个亿万富翁。

妻子对丈夫最大的支持就是做一盏灯，照亮家庭的未来之路。在他成功的时候，在他失意的时候，在他迷惘的时候，作为妻子要始终坚持点亮希望的灯。李巍是这样想的，也是这样做的，在丈夫财运不济时，为他送去信心与温暖；面对丈夫的失败，多一些安慰鼓励；在丈夫犹豫不决时，多一些肯定赞扬。正是她在刘永好迷惘时的支持，为他以后事业的开创

感恩——化作春泥更护花

撑起了精神支柱,李巍就是刘永好一盏永恒的灯。

爱人的理解和关怀为我们撑起一盏明灯,它不但可以照亮我们回家的路,而且可以照亮我们的前程与命运,更能照亮家人一生的幸福。一个人的成功永远不要忘了感谢爱人的关怀和支持,因为正是这份爱,伴我们走过困境,共度风雨!

女人一般都有着特殊的敏感,她最了解丈夫,并能看到丈夫身上潜在的特质。她们用眼睛去看,也用内心的爱去看。因此,她们对丈夫有绝对的信任,也能给丈夫最大的支持。

查斯特·菲尔德勋爵曾说:"每一个男人事实上都是两个人,一个是真正的自己,另一个是理想中的自己。"妻子的职责,就是想方设法帮助丈夫成为他理想中的人。聪明的妻子,既不会挑剔指责丈夫,也不会拿他和熟悉的某人相比较,更不会逼他从事难以胜任的工作,而是及时地鼓励他、赞赏他,因为她们深深懂得:激励男人、帮他成功是给他们最好的爱。

19世纪末,密歇根底特律电器公司中有一位年轻的雇员亨利·福特,每天利用工余的时间设计一种新的引擎。当时所有的人,包括他的父亲在内,都认为他是异想天开,绝不会创造出什么新奇有用的东西来,唯独他的妻子相信他,相信她的丈夫能够成功,并且竭尽全力去帮助他。

每天晚上,妻子手提着煤油灯给他照明,在寒冷的冬天,她冻得牙齿直打战,手冻得青紫,可她从来没有退缩放弃。妻子在每天早晨送他外出工作的时候,为了使他能充满信心,即使他的装扮过时了也会称赞他的风度,并告诉他:"你正要去征服所有的困难,你一定真的会做到的!"

经过三年的努力之后,福特的设计成功了。他把引擎装在马车上,第一次取代了马,于是一个新工业诞生了。后来福特回忆说:"如果没有夫人这位忠实的信徒,我是不会成功的。如果人们将我称为新工业之父,那么我的夫人就是新工业之母!"

作为妻子，永远不要对丈夫说："你失败了！"如果他真的失败了，他的老板将会毫不迟疑地告诉他，但是在家里，妻子应该勉励他、告诉他："人人都可以成功。"

作家梁晓声曾说：**"女人是男人的小数点，她标在他一生的哪一阶段，往往决定一个男人成为什么样的男人。"**所以，聪明的女人懂得用激励的语言帮助丈夫树立信心。

一位在事业上取得成就并有专利获奖的总工程师在颁奖大会上满含深情地说：

"我在领奖时心里总怀有愧疚，因为，这个奖有相当的一部分属于我的妻子。我在这项课题攻关中，有很多数据是带回家计算的。说准确点，是我一位老同学——我的妻子帮我计算的。如果没有她的帮助和鼓励，我的这项课题能否完成还是个未知数。

"很多人认为女人不如男人，女人不能有大成就。可是，今天，我要借此机会，用我妻子的例证向大家说：女人是男人最好的激励者。男人没有女人的激励，最终也可能成功，但他的成功机会就会降低。我感谢我的妻子，我要将所得的个人荣誉，与我的妻子一起分享……"

这位总工程师的讲话，赢得了热烈的掌声，不少女人流下了激动的泪水。因为，她们"默默无闻"的价值，终于在这简短的讲话和热烈的掌声中得到了认可。

有人写道："当男人受到妻子的赞美，当他们听到'你真了不起，我很以你为荣。我真高兴你是我的'这种话的时候，几乎是没有人不会高兴得跳起来的。"的确，许多成功的男人都可以证明这种说法的真实性。

小龙是个英俊的退伍军人，在一次战斗中他的一条腿落下残疾，伤痕累累。

在他出院以后不久，他和妻子在沙滩上享受日光浴。不久他发现前来旅游的人们都在望着他，而且还有人冲着他指指点点，小声地说着什么，小龙知道他这条满是伤痕的腿太惹眼了。

后来，当年轻的伙伴们兴高采烈地去海滩游玩时，小龙把自己封闭在屋里，拒绝他们的邀请。妻子问他时，他说不想去海滩而宁愿留在家里。没想到妻子向他说了他永远也不会忘记的话，她说："你腿上的那些疤痕是你勇敢的徽章，光荣的纪念。不要想办法把它们隐藏起来，要骄傲地带着它们。相信每一个知道了情况的人也会为你自豪。"

这些话使小龙的心里充满了温暖，也扫除了他心中的阴影。此后，他生活得非常舒心，很大原因在于妻子给了他不少有益的忠告和鼓励。

女人不一定了解男人所从事的工作，但来自她们的信任将会使男人获得意外的巨大成功。而向丈夫说"你无论如何也不会成功"的妻子，只会使这句话更快地变为现实。帮助丈夫尽快达成他的梦想，坚定地相信自己的丈夫，会给丈夫强烈的自信。作为男人，成功和幸福的同时，永远不要忘记妻子的赞扬和鼓励，要感谢爱人默默的支持和付出。

心灵悄悄话

爱人的理解和关怀为我们撑起一盏明灯，它不但可以照亮我们回家的路，而且可以照亮我们的前程与命运，更能照亮家人一生的幸福。一个人的成功永远不要忘了感谢爱人的关怀和支持，因为正是这份爱，伴我们走过困境，共度风雨！

让爱常驻

爱是我们一生中最为珍贵的情谊。**没有爱,就如同生活中没有阳光,土壤中没有水分。**感恩爱人,是你让我学会了什么是真正的爱,爱是全身心的奉献;是你在我无助的时候,用热切的期待唤起我对生活的无限热恋,催生我对事业的无比热情,激活我对前途的极力渴望;感恩爱人,是你激起了我生命中的所有热情和活着的美好意义,有你在身边,我的一生都是幸福的。

曾经听过这样一句话:**我们都是单翼的天使,只有我们相互依偎在一起的时候才可以展翅飞得更高!**

在我们的一生中,不知有多少我们曾经伤过和爱过的人,但是我们最终的归宿只属于一个人,这个人就是你生命里注定的爱人。无论你和别人经历过怎样的生生死死,不管是山盟海誓的誓言还是花前月下的浪漫,那都只是你生命里程中的一个驿站。当你忙于工作、生活疲惫的时候,或许那也只是你歇歇脚的地方,而你却不能止步不前,命运告诉你要继续走下去,那不是你的目标。我们要像一首歌中唱的那样——我要飞得更高,那是我们每个人生命历程中必经的历练,更绚丽和灿烂的阳光总是在天的最高处,为了这个目标我们不应该倦怠。

当有一天,我们终于得到了我们最想要的东西时,我们应该感谢上天感谢爱人,是他或她给了我们真正的幸福和爱,是他或她给了我们忘记过去的勇气和继续走下去的力量。所以我们要学会,无论在白天或是夜晚,当我们和自己的爱人相互依偎的时候,我们应该转过头对自己的爱人说:"谢谢你,是你给了我真爱和幸福,今生我会好好地爱你。"

感恩——化作春泥更护花

68

一位老人在弥留之际,抓着老伴的手,几乎是用尽生命最后的全部力气,对她说:"谢谢你!"

他们在一起生活了整整 60 年,前半生坎坎坷坷,她跟着他四处颠簸,为他生儿育女。孩子们大了,生活也安顿下来了,她还没有来得及喘口气,他就病倒了,其间有 10 年,他一直躺在床上。她帮他擦洗,天天为他煎药,想着法子为他做可口的饭菜。后来他身体稍好些了,她就每天下午搀着他,在小区周围转转,帮他活动活动筋骨。其实,她的身体也不好,常有毛病,每次散步回来,她都会累得满头大汗。

没有人会觉得这一切有什么不妥,除了略略地感叹于他们的辛劳与苦累。她也是默默地做着这一切,从无半句怨言,因为他们有婚姻。正是这一根纽带,几十年前把他们牵到了一起。然而又有谁知道,就在结婚的前夕,他们两个还是一对陌生人。

"谢谢你!"老人最后这样说。他是在对婚姻感恩啊。

对于大多数人来说,婚姻或许要比这一对老人所经历的要平淡得多,只是柴米油盐锅碗瓢勺。然而,就是在这看似平庸琐碎的生活之中,又隐藏了多少让人为之动容的温馨细节。

有一位结婚五年的男士,对婚姻生活日渐乏味。有一天中午,他回家走到楼下的时候,一抬头,正好看见妻子在阳台上晒被子。阳光下,妻子把被子晾好,然后用一只拍子拍打被子。就在那一瞬间,他有些发愣。结婚几年,他从未晒过被子,但是他盖的被子总是蓬松温暖。那一刻,妻子拍打被子的声音传下来,并不是很响,却震得他的心有点疼。

还有一个丈夫,结婚后有一段时间和妻子分居两地。有一天下午因为一件事情和妻子通了个电话,正好那时他感冒了,说话声音有些沙哑。妻子在电话里紧张地问怎么了,丈夫告诉妻子说感冒了。事情就这样简单,然而让丈夫没有想到的是,吃过晚饭不久,妻子突然出现在他的面前。

"我不放心。"她说，然后拿出带来的生姜和冰糖，开始为他熬姜汤，丈夫惊讶得说不出话来。要知道，妻子离丈夫这儿有50千米的路，她居然打车赶了过来，就是为了给他熬一碗姜汤。看着妻子略显疲惫而忙碌着的身影，他轻轻地从后面拥住妻子，说："不就是感冒嘛，值得你那么大惊小怪的。"妻子回过身，笑了一下，说："我们是夫妻呀。"

是的，我们是夫妻。执子之手，与子偕老，轰轰烈烈也罢，平淡如水也罢，总之是婚姻成全了一对男女，让他们走到一起，共同拥有和分享，也共同面对和承担。随之而来的所有牵挂、关爱和辛劳，却原来都是婚姻的本分。

只是，我们是否也会像那位老人一样，说一声：谢谢你！

我们要感恩爱人，因为爱人给了我们生命的春天，快乐着我们的快乐，悲伤着我们的悲伤，与我们一起拥有，一起担当。感恩爱人，让爱永驻心间！

心灵悄悄话

当有一天，我们终于得到了我们最想要的东西时，我们应该感谢上天感谢爱人，是他或她给了我们真正的幸福和爱，是他或她给了我们忘记过去的勇气和继续走下去的力量。所以我们要学会，无论在白天或是夜晚，当我们和自己的爱人相互依偎的时候，我们应该转过头对自己的爱人说："谢谢你，是你给了我真爱和幸福，今生我会好好地爱你。"

感恩——化作春泥更护花

让你幸福的责任

爱情是上天赐予我们最大的幸福,爱情需要用心去栽培,用心去灌溉,用心去呵护。感恩爱人,就要给她幸福!

有一则小故事,讲到一位辛苦持家的主妇,操劳了大半辈子,却从来没有从家人身上得到过任何感激。有一天,她问丈夫:"如果我死了。你会不会买花向我哀悼?"

她丈夫惊讶地说:"当然会啊! 不过。你在胡说些什么呀?"

妇人一本正经地说:"等到我死的时候,再多的鲜花都已经没有意义了,不如趁我还活着的时候,送我一朵花就够了!"

故事让我们深思。**如今很多人都在诉说着婚姻里的无奈,埋怨着婚姻里的负累,连爱情也太过于现实……当这样的牢骚越来越多时,我们会对自己的婚姻与爱情越来越迷惘。**

其实,这种负累都是我们自己造成的,因为我们只知道一味地向对方索取爱情与真诚,却没有想一下,自己在得到的时候是否也应该回报些什么。

当我们在对别人说感谢时,却忽略了我们身边最应该感谢的人——陪伴我们终生的爱人。我们不应该漠视爱人的付出,更不应该心安理得地享受着爱人的照顾。

其实,不是爱情越来越少,而是因为我们漠视了身边这位一直辛苦付出的人。有时候,一朵花就可以表达谢意,给对方喜悦和希望。长期辜负别人的付出,其实是自己的损失。没有道谢,就无法体会彼此的好意在互动之间是多么的幸福。

　　著名画家吴冠中的三个孩子,全由他夫人抚养长大,包括上学和生活安排,吴冠中一点都没有插手,他是一心一意搞绘画去了。他的夫人也是绘画天才,可为了吴冠中放弃了艺术追求,后来患上脑血栓,病愈后见吴冠中作画,还颤巍巍地递上一杯水。吴冠中在法国举办个人画展一举成名,夫人对他说:"你可真不容易!"吴冠中也感慨万千,本来想对夫人说"你也是的",但没有说出口,他记在了心上。这就是夫妻之间相濡以沫40余载的感恩,已经难以言传。

　　我们不仅要把爱人当成亲人来关爱,更要把爱人当成朋友一样来相处。当看到爱人为我们辛苦地付出时,我们不应该熟视无睹,而应该真诚地对爱人说一声:谢谢,谢谢你一直以来无怨无悔的付出……
　　有这么一个大雁忠于爱情的故事:

　　一只大雁失去了配偶,它终日徘徊在配偶丧身的地方。冬天来了,其他大雁都陆续地飞往南方过冬,只有它,那只丧偶的大雁仍然留在北方,住在附近的人们时常听到它凄婉的叫声。直到有一天夜里,狂风呼啸,大雪纷飞。从此,人们再也没有听到它的叫声。这个故事让很多人都感动不已。

　　还有一个英国人写过这么一篇文章,说的是一个男孩爱上一个身有残疾的女孩,为了娶到女孩,而不伤害女孩脆弱的心,男孩装成一个瘸子,向女孩求婚。这一装就是几十年,在和女孩共同生活的几十年中,男孩把自己所有的爱都给了女孩。直到女孩去世,她也不知道自己的丈夫其实是一个身体健全的人。
　　爱情是我们追求的,特别是那种刻骨铭心、百转千回的爱情,更是青

感恩——化作春泥更护花

年男女心中的向往。然而,我们都是极普通的人,既不会碰到梁山伯与祝英台那种感天地、泣鬼神式的爱情,也不会碰到白雪公主与白马王子式的浪漫爱情,有的只是再平常不过的、有着诸多缺憾的爱情,甚至有时你根本就不认为那是爱情。

你的爱人可能有许多让你无法忍受的缺点,她可能没有如花的容颜,不会撒娇,不够温柔体贴,不爱做饭,也可能没有体面的工作,但她身上同样有很多让你享受到幸福的优点。学会欣赏爱人、感恩爱人,你会发现你是那样的幸运:世界上有那么多比你优秀的男人,她却选择了你,把自己的一生都给了你,你该如何去报答、去感谢她对你的信任和爱呢?

她是那么毅然决然地嫁给你,和你一起去经受生活的磨难,无怨无悔地为你奉献一生。她可能不爱做饭,可是为了你,她快乐地一头扎进厨房,为你准备可口的饭菜。如果你够细心,当你吃着她做的饭菜时,你看看她的眼神,那里面全是对你的爱。为了给你买合身的衣服与鞋袜,她可以不知疲惫地在各个商场寻找,而你却在休息处坐等,甚至在家看电视、上网。你的衣服是谁给你洗的? 她为什么爱看美食节目? 为什么她对物价及不同品牌日用品的区别了如指掌而你却一无所知? 为什么你穿多少号的鞋、多大的衣服她全知道而你自己却不知道? 婚后去饭馆吃饭,为什么跑来跑去张罗的都是她而不是你? 她为你做这一切,不需要任何的回报,仅是你的几句赞美就让她觉得自己是世界上最幸福的女人,因为在她的心中让你幸福就是她的幸福。

人们都说,家是一处避风港,是享受幸福的地方。为什么家会如此? 因为家里有她!

知道感恩爱人是远远不够的,还要知道如何感恩。

学会欣赏爱人,同时要让她知道你的爱。你的爱对她来说,就如同花儿需要阳光、鱼儿需要水一样的重要。中国有句古话"情人眼里出西施",爱情的真正魅力在于发现爱人的美德,欣赏是花,爱情是果。不要羞于表达你的爱,不要吝啬你的赞美,适当的场合用适当的表情告诉她"我爱你",条件允许时不要吝啬你的吻。

学会关心爱人、疼爱爱人。生活中有许多看似微不足道的小事，但通过这些小事，会让对方感觉到你的关心和疼爱：适时地送上一杯水；她在沙发上看电视睡着了，你轻轻地为她盖上一条毯子。在漫长的岁月中，这种爱会一点点、一滴滴渗透到她的心窝里，融化在她的血液中，你们的爱也会天长地久。

　　学会给予，不要索取。**爱是倾其全身心的给予而不是索取，是以自己的生命力去激发对方的生命力。**爱是纯粹的东西，不夹杂任何条件和功利，爱她是不因时间、环境的变化而变化的，爱她就要做到"爱屋及乌"。

　　学会宽容爱人。人无完人，你娶的她身上自然就会有这样或那样的缺点，既然爱她，就要永远宽容她的一切。家是谈情的地方，不是讲理的地方，有情就没有理，夫妻之间没对错，永远不要试图改正她的缺点。

　　学会"阅读"爱人、关注爱人。生活中难免会遇到很多不愉快的事，她有时不想增加你的烦恼，就把不痛快的事全放在自己的心里，你要学会"阅读"爱人，要经常关注她的身体状况和精神状态，不要让她感到你不在乎她，再坚强的女性也需要爱的滋润。

　　最后要学会向爱人道歉，说"对不起"。不管什么时候都不要和爱人吵架，如果不能避免发生争吵，也要主动向爱人道歉。夫妻之间无对错，为了鸡毛蒜皮的事伤害她是很不理智的事情，就应该道歉。

　　作为普通人，生活就是小桥流水、平静、自然、和谐，唯有如此，才能天长地久。

心灵悄悄话

　　我们不仅要把爱人当成亲人来关爱，更要把爱人当成朋友一样来相处。当看到爱人为我们辛苦地付出时，我们不应该熟视无睹，而应该真诚地对爱人说一声：谢谢，谢谢你一直以来无怨无悔的付出……

珍惜拥有

伟大的哲学家罗素曾经说过:对爱情的渴望支配着我的一生。我寻求爱情,因为爱情给我带来狂喜;我寻求爱情,因为爱情解除孤寂——那是一颗震颤的心,在世界的边缘,俯瞰那冰冷死寂、深不可测的深渊;我寻求爱情,最后是因为在爱情的结合中,我看到圣徒和诗人们所想象的天堂景象的神秘缩影。

是啊,爱情是那么美好,那么激动人心,带给人青春活力,解除人的孤寂,我们要学会宠溺爱情,把爱情进行到底。

在婚姻中,很多男人最受不了的就是女人无休止的唠叨。其实,你有没有想到,女人唠叨不过是对男人的视而不见的一种反抗。

试着细细体会她的唠叨,我们便能发现,这不过是因为我们做得不够好,忽略了对方。那么,就好好地爱她吧,这样我们的生活就会充满温馨和美好。

离他的生日还有20多天,她就满大街地转,希望能买到一件让他感到惊喜的礼物。

他和她都是毕业于名牌大学的高才生。记得刚结婚不久,那时家庭条件很差,他因病住院,她下班后总会买两个新鲜的水果给他,那些水果一直感动着他去努力拼搏,建设自己美好的家。因为有爱,虽然日子很清苦,但他们却觉得很幸福。

后来他们终于打拼出一片天,但彼此的感动却越来越淡,他们各自忙着自己的事业,甚至,都有些落寞。然而,面对周围如云的美女,他却无法对她们中的任何一个动心。她的周围也不乏优秀的男人，她却一直认为他是她一生中最爱的男人。

虽然生活使他们改变了许多，但在骨子里，他们都是那种纯粹的人。终于在一个温柔的夜晚，他们谈心了。于是，甜蜜的爱情又呼啸而来。不过，两个人都已经习惯了平淡，脸上什么表情也不露出。

于是，在离他生日还有20多天的时候，在离他俩结婚纪念日还有一个多月的时候，两人都开始忙碌了。两个人都想，多么感谢上天啊，让我们拥有彼此，还那么爱对方。

然而，我们也不能不看到，在任何事情都追求速度的今天，爱情也随之变了味道，变得狭隘，让人慨叹。面对我们身边的爱人，我们可曾记得常怀一颗感恩的心？是太亲近的距离让我们忘记表达心中的感动，还是因为熟悉的感觉已经让我们感到疲惫？

一位朋友是个火暴脾气，可是面对自己的女朋友却异常温柔，让人不能不赞叹爱情的力量。然而最近的很多时候，他常常跟人诉苦说，他对他的女朋友，实在是好得不能再好了，不但嘘寒问暖，而且经常会给她惊喜，他陪着她逛街的时候，还总是给她买衣服。但是，好像女朋友怎么都不领情，也从来不感动，他感到很痛苦。

别人只能安慰他说，爱情里，总会有付出比较多的一方，其实对方也在这其中感受到很多，并且可能会因此感到负担而害怕不能给予对方同样的回报。这种情况长此下去就会让爱情变得糟糕，甚至会导致爱情的终结。

我们应知道，**爱是需要传递循环才能再生的**，当对方回报给你哪怕一个微笑、一句认同、一个拥吻或者一份惊喜，我们也能从中获得一份新生。同样，这种感恩也会因为表达而唤醒了对方心中那根最隐秘的弦，让爱情终于达到平衡。

感恩——化作春泥更护花

所以,感恩那一份纯真的爱吧,那一点一滴的关怀、体贴与理解无一不让我们有片刻的温暖,这种温暖永不变老。感恩,可以让爱情更亲密,让爱情永远美好!让我们一起努力,将爱情进行到底!

在婚姻中,很多男人最受不了的就是女人无休止的唠叨。其实,你有没有想到,女人唠叨不过是对男人的视而不见的一种反抗。试着细细体会她的唠叨,我们便能发现,这不过是因为我们做得不够好,忽略了对方。那么,就好好地爱她吧,这样我们的生活就会充满温馨和美好。

第四篇　感恩贫困

　　与富贵相比,贫穷的土壤里更能孕育出坚韧不拔的意志,更能激发我们不屈不挠的奋斗精神。贫穷是一所最好的大学,在这里我们学会珍惜,学会如何去爱以及如何去缔造非凡的人生。贫穷并不可怕,可怕的是没有战胜贫穷的勇气。贫穷不是人生路上的绊脚石,而是命运赠予我们的一笔精神财富。

　　贫困能造就坚强的人生,与富贵相比,贫困更能够使人坚韧不拔,更能激发精神和活力,更能磨炼高尚的品德和情操。富有挑战精神的人希望能多遇到一些困难,他们认为只有这样才能体现出他们的品行和天赋。

贫穷是老师

贫穷是一笔宝贵的精神财富。它像一位严厉的老师，鞭策着我们前进。**因为贫穷，可以塑造坚韧的性格；因为贫穷，可以磨炼顽强的意志；因为贫穷，可以铸成不屈的毅力。**贫穷，能使人很快适应生活环境；贫穷，能使人对社会的认识更加深刻；贫穷，能使人具备自强不息的精神……

约翰·布里敦出生于金斯顿一个非常贫寒的家庭，父亲曾经做过面包师和麦芽制作工，生意被人挤垮后，还为此发了疯。那时候布里敦还是个孩子，几乎没有受过正规教育，但他并没有因此堕落。

早年，他在叔叔的酒店里干活，帮着装酒、上瓶塞、储存葡萄酒，一晃五年过去了，他突然被叔叔逐出了家门。五年来，他只攒了几个硬币，就是这点钱，伴他走过了七年的漂泊生涯。他经历了种种灾难和不幸，在自传里，他写道："我住在贫寒的地方，一星期只挣18便士，但是我沉迷于学习中，冬天晚上就在床上看书，因为我没有钱生炉子。"他徒步来到巴思，找到一份管窖的工作，不久他又来到大城市，身无分文，甚至没袜子可穿。

他终于在伦敦酒店找到了一份管窖的工作，从早上7：00到晚上11：00一直待在酒窖里。这种漆黑的环境，加上过度的劳累，他的健康状况开始出现问题。后来，他开始从事律师的工作，每星期的工资为15先令——那些年，他一直利用空闲的每一分钟练习写作。在工作期间，他也抽空逛书摊，买不起书就站在那里看，通过这种方法积累了很多知识。过了几年，他又换了一家律师事务所，工资也涨到了20先令一星期，但他仍然坚持看书学习。

28 岁时,他出版了自己的第一本书《皮萨罗的求职经历》。从那以后直到去世,在将近 55 年的时间里,布里敦一直从事文学创作。他出版的作品达 87 部,其中最重要的是《英国大教堂的古代风习》,总共 14 卷,是一部伟大的作品。这部作品本身就代表了约翰·布里敦不知疲倦的勤奋风格。

贫穷和苦难是人生的老师。我们没有经历过像约翰·布里敦那样的贫穷和苦难,但我们应该有意识地锻炼自己,锻造自己的坚韧品德。

上天给人贫穷时,同时也给人一份别样的天赋。

克里斯蒂亚诺·罗纳尔多现在已经是一位国际球星,他被球迷们亲切地称为"C 罗"。

C 罗出生在丰沙尔一个贫困的家庭,他家破烂的棚屋在一座小山丘上。墙壁是水泥的,用废铁做的屋顶已经摇摇欲坠。他家的围墙像面包渣,而篱笆简直就是蜂窝,所有的家当最多不过 4000 英镑。贫寒的家境令 C 罗立志要获得成功。

C 罗有两个姐姐和一个哥哥,在七八岁的时候,懂事的 C 罗就知道出去打点零工贴补家用。C 罗的父亲对足球非常喜爱,这也使得 C 罗很小就非常喜欢足球,可是并不富裕的丰沙尔并没有多少适合踢球的场地,在 C 罗家的院子里堆满了废弃的垃圾和塑料袋,而附近的街道也到处都是生锈的废铁和碎石头。可就是这样,C 罗的球技仍然令人难以置信地飞速进步。

C 罗的出色表现很快引起了当地国民俱乐部的注意,于是 C 罗成为国民队一名小有名气的小球星。再后来,C 罗凭借着自己超凡的球技,成为国际球星,身价上涨了近千倍!

C 罗的成长故事告诉我们,成功是贫穷和苦难打磨出来的,一夜成名的背后浸满辛酸。

感恩——化作春泥更护花

贫穷不是我们的错，我们要做的，就是正视它，把它作为一种动力，来改变这种环境，这也是长辈们对我们殷切的希望。**因为贫穷而自暴自弃，这就是我们的错，奇迹只会等待有准备的人、懂得付出的人。**从古至今，多少仁人志士在穷困潦倒时仍能保持自我本性。杜甫居成都草堂，疾呼"安得广厦千万间，大庇天下寒士俱欢颜"；朱自清宁折不弯，即使饿死，也不接受美帝国主义的救济粮；洪战辉还是一个孩子的时候，就对另一个更弱小的孩子担负起了责任。更有多少出身贫寒的人，通过他们的不懈努力，成为首屈一指的大富豪，诸如李嘉诚、包玉刚。

贫穷让我们懂得了什么是艰难困苦，贫穷也教会我们如何战胜贫苦；贫穷给予了我们深深的打击和伤害，贫穷也给予了我们战胜苦难的勇气和力量。贫穷，是人生最好的老师，我们要感谢它给予我们一生的启迪和教诲。

当然，贫穷也使我们失去了一些东西：懒惰、奢华……正是因为它们的失去，使我们明白：我们必须努力，必须坚持不懈地奋斗，用我们的激情去挥洒我们的汗水和热血，实现我们的人生价值。

俄国大文学家高尔基曾说过一句名言："**贫困是一所最好的大学，如果你能够在这里修完所有学分的话，在未来的人生，还有什么不能超越与突破呢？**"

幼年丧父的高尔基因为家境贫困，11岁起就开始独立谋生。他曾经做过学徒、搬运工和面包师等。饥寒交迫的小高尔基在老板的皮鞭下体会到了人间的疾苦和生活的艰辛，同时也被磨砺了意志。虽然生活贫困，但他自强不息，每天在繁重的工作之余还勤奋自学，最终铸就了极高的文学成就。

曾经或正处在贫穷中的人们，一定要记住这么一句格言："贫困是一所最好的大学，而清贫将作为一笔宝贵的财富伴你左右。"

我们常常可以看到这样一些人们，他们因贫困而失去了健康的生活，失去了受教育的机会，但是他们也因为贫困而拥有坚强的意志和广博的学识。有的人很富有，但精神匮乏，经不起风雨的洗礼；有的人很贫困，但意志坚强，便总能看到雨后美丽的彩虹。

1997 年 7 月 28 日，天津一中高三学生安金朋在阿根廷举行的第 38 届奥林匹克数学竞赛中荣获金牌，为我国此项大赛写下光辉的一页。安金朋从小家境凄苦，连草稿纸都买不起，但通过自己的努力拿到了国际数学奥赛金牌，顺利地到北京数学研究所深造。他的事迹同样是与贫困搏斗的典型。

安金朋的家在天津，他有一个天下最好的妈妈，虽然只是个普通的农妇，可是她教给小金朋做人的道理却可以激励他一生。金朋 7 岁那年上学，学费是妈妈向别人借的，他都是把同学丢掉的铅笔头捡回来，再用细线绑在木棍上面写字，没有本子他就用橡皮把别人用过的练习本擦干净然后接着用，不过妈妈也有骄傲快乐的时候，不论大考小考，儿子总是考第一名，数学永远是满分。记得高一时，为了买一本汉英字典，妈妈借来一台推车，上面装满白菜，跟儿子推到 40 里外城里去卖，一天下来小金朋只吃了两个烧饼，回家路上只走到一半，他已饿得头晕眼花，这时才忽然想起来，他没有分一个烧饼给妈妈吃，妈妈饿了一天，小金朋后悔地想打自己一个耳光。

在天津一中，当时他的生活费每月 60 元，别的同学是 240 元，他知道妈妈为了这一点儿钱从月初到月末每一分钱都要省下来，小金朋是天津一中唯一吃不起青菜的孩子，洗衣服连肥皂都没得用，可是他从来没自卑过，他觉得妈妈是一个向厄运抗争的苦难英雄，做她的儿子他无上光荣。安金朋有一点儿口吃，有人告诉他学好英文首先要让舌头听自己的话，于是他常捡石头含在嘴巴里拼命背英文，石头和舌头磨啊磨，有时血水流出来，可他始终咬着牙坚持练习。半年后，石头磨圆了，安金朋的舌头也磨平了，他英文成绩变成前三名。就是这样顽强地与贫困做斗争，与困难搏击，安金朋取得了前所未有的成功，艰难的环境磨砺了他的坚强，实现了他的梦想。

贫穷,是生活中的一道沟坎,是岁月里的一段艰辛,是人生境遇的一种无奈。贫穷的滋味让人难以忍受,无法言表。但是,经历多了,时间久了,贫穷也会让人品味出不一样的味道……

　　杨浩15岁那年,得了一场大病。为治病,家里不仅花掉了所有积蓄,还借债上万元。20年前的上万元,可以说是个"天文数字"。原本就不富裕的家境,更是雪上加霜。

　　当杨浩考上大学时,家里凑来凑去只有500元钱。学校离家千里,父母虽不放心,但也没去送,因为要省下路费作为儿子上学的费用。在父母担忧的目光中,杨浩独自一人坐火车前往学校。

　　到校后,交完各种杂费,兜里只剩下200多元,这就是杨浩一个学期的生活费。很长一段时间,他只吃食堂里最便宜的饭菜,有两个菜的价格至今他仍然清晰记得,土豆丝三毛、萝卜粉丝两毛五。每次老乡到学校来看望他,他都会撒谎说自己不在学校,原因简单得不能再简单,害怕请老乡吃饭,一顿饭钱虽然只要几十元,对于杨浩来说,却是一个月的生活费用。

　　杨浩的那段人生充满艰难与沉重,在无人的夜里,他曾抱怨过、痛苦过、自卑过,在最绝望的时候,甚至号啕大哭过。作为某公司经理的杨浩如今却深深感谢此番经历,因为贫穷是人生的另一所大学,教会他很多东西。

　　贫穷告诉我们要学会珍惜。由于体会过一无所有的滋味,所以在我们的眼中,得到的一切都是如此来之不易。一点小小的收获、一个浅浅的微笑,都会让我们满心欢喜。当遇到挫折和烦恼的时候,回头看看来路,就会觉得,没有什么输不起,那么难的日子都能过来,大不了一切归零,从头再来,没必要患得患失,内心也就坦然起来。这种状态让自己变得豁达,在纷繁复杂、光怪陆离的世界中,能保持一个良好的心态。

　　贫穷教会我们如何去爱。对于情感,我们有了更加深刻的理解,无论走多远,心中永远珍藏着父母省吃俭用给我们治病、供我们求学的伟大的爱,记着朋友之间不为金钱设防的坦诚,感动于妻子可以不要钻戒、不要婚车、不要住房就嫁给我们的真挚爱情……贫穷让我们剥开事物的表层,看到真实的内核,使我们不用去怀疑感情的纯度与爱的温度。人生中又多了一块试金石,能够去伪存真,感受真情的可贵。

贫穷更教会我们要去努力。一个人金钱上穷不可怕,可怕的是志气上的穷,只有奋斗才能改变命运。

说来这世界其实也公平,每个人在得到的时候,也在失去,在失去的同时,也在得到,很难说谁更贫穷,谁更富有。所以面对贫穷没必要唉声叹气、妄自菲薄,其实贫穷是一所最好的学校,是一笔人生的财富。

 心灵悄悄话

贫困能造就坚强的人生,与富贵相比,贫困更能够使人坚韧不拔,更能振奋精神和活力,更能磨炼高尚的品德和情操。富有挑战精神的人希望能多遇到一些困难,他们认为只有这样才能体现出他们的品德和天赋。他们视挑战贫困为乐事,把贫穷当作人生的老师,从中获得巨大的鼓舞和力量,在战胜贫苦的过程中感受着自己人生的价值。

感恩——化作春泥更护花

贫穷是财富

贫穷是什么？很多人会说贫穷是魔鬼、是毒药、是夺命丹……是的，当你需要钱的时候，贫穷的确很可怕，许多人因为贫穷而失去了朋友，失去了家庭，甚至于丧命于贫穷。**但是，如果换一个角度来看，贫穷也能够带给人无穷的好处，从某种意义上来说，贫穷又何尝不是人生中一种难得的财富？**

贫穷并不可怕，有时贫困、贫穷，却是最大的优势和资本。贫穷有时离成功与富有就差一层"窗户纸"，只需思维的一个"转身"——一个机会、一条信息、一个观念的转变，就够了。

什么事情都不是一成不变的，贫穷也是暂时的，关键是我们要如何去面对。 用探索、挖掘、积极进步的思想去思考问题，也许就会看到它好的一面。

有逆境就有抗争，有曲折就有坚韧。好的环境能养育人，好的环境也能断送人。艰苦的环境能折磨人，艰苦的环境也能培养人。因此可以说，贫穷也是一种难得的精神财富。

贫穷使人懂得珍惜机会。贫穷的人往往生活在社会的底层，很难获得机会的青睐，因此，在他们眼里，机会是很宝贵的。当机会降临时，他们常常能够紧紧抓住它们，并为之付出艰辛的努力，从而走向成功。

成龙从小家境贫寒，早早辍学。由于生活所迫，他不得不跟着剧组跑龙套干些杂活。一个偶然的机会，他获得了导演的青睐，演了一个替身的角色，他抓住了机会，努力表现自己，结果他的表演天赋被导演看中，于是开始涉足电影表演。而今的成龙已经是享誉国际的著名演员。

成龙之所以成功了，就是因为贫穷使他认识到机会的难得而倍加珍惜，试想如果没有那段贫穷的经历，他很有可能放弃在别人眼里根本不是机会的机会。因此，从这个意义上来看，贫穷就是一种财富。

贫穷能使人增长阅历。俗话说"穷人的孩子早当家"，就是因为贫穷使人不得不过早地接触社会，接触到各种各样的人和事，从而积累了较多的社会经验。

我国著名的小品演员赵本山6岁时开始跟二叔（盲人）学艺。在这期间，他接触到了各种各样的人，见识到了许许多多的事，积累了相当丰富的艺术创作素材，加上他的模仿天赋，最终成为我们熟知的艺术家。

应该说善于模仿的人很多，但是能够达到赵本山高度的人却寥寥无几，究其原因，就是因为他们的人生阅历不够，缺乏艺术的生活源泉，使其模仿不够生动。从这个意义上说，赵本山童年的贫穷生活，成了他一生中最为宝贵的财富。

贫穷使人懂得感恩。**贫穷的人常常遭遇艰难困苦，因此在得到别人的帮助时，就更容易体会到关爱的温暖，也就更懂得感恩。**

汉初三杰之一的韩信，落魄之时常常饿肚子，只好去河边钓鱼。这时，有一群帮人家洗衣服布匹的妇女（漂母），刚好也到河边来洗衣布。其中一位老妇见韩信饥饿可怜，每天将自己的那份饭留给韩信一半。后来，韩信成了左右楚汉战争的一方诸侯，回来就报答那个老妈妈，以千金相赠。

韩信和漂母的故事被人们广泛传颂，就是因为其中包含着人类的一种优良品质——感恩，而贫穷的人往往比优裕的人更懂得感恩的含义。

从这个意义上来说,贫穷无疑也是一种财富。

贫穷曾使我们自卑,贫穷使我们沉默,贫穷使我们体味到差距的痛苦,而贫穷同时也给予我们力量。**是贫穷,唤起了我们内心不屈服的因子;是贫穷,激励我们改变与超越。**路遥的《平凡的世界》感染了无数在贫穷中依然挺起脊梁勇敢面对贫困的人们。书中孙少平在给妹妹的信中有这样一段话:"我们都来自贫困的农家,这给我们的成长带来了很多不便。但是,千万不要鄙薄我们的出身,正是这种出身,让我们终身受用不尽。但我们又要从这种出身的局限中走出来,去寻求更高更远意义上的生活。"

的确,我们不能改变贫穷的出身,但我们可以珍视贫穷,珍惜贫穷所赋予我们的一切。

心灵悄悄话

贫穷使人懂得珍惜机会。贫穷的人往往生活在社会的底层,很难获得机会的青睐,因此,在他们眼里,机会是很宝贵的。当机会降临时,他们常常能够紧紧抓住它们,并为之付出艰辛的努力,从而走向成功。

贫穷是礼物

贫穷是一位严厉的导师,它以奇特而有效的方法,教你快速掌握生存的本领,练就钢铁般的意志;贫穷是一面神奇的镜子,它透视了社会的层层面面,为你照出富人的风光与丑陋,穷人的可爱与无奈;贫穷是一杯清淡的茶水,它朴实而又芬芳,让尝遍酸甜苦辣的你找到生活的原味,品出人生的真谛。

就这样,贫穷造就了无数的强者,无数的智者,无数的贤者。

贫穷的人们是这个世界真正的创造者。如果没有他们,就没有今天各种伟大的事业,更谈不上富人们的丰衣足食。

岛田洋七,日本著名作家,爸爸死于原子弹爆炸,妈妈无力供养他,就把他寄养在外婆(阿嬷)家,后来,岛田把他童年时和外婆相依为命的故事写成《佐贺的超级阿嬷》,感恩坚强乐观的外婆,感恩和外婆一起度过的贫穷生活。

岛田读小学的时候,整个日本因为战败都很穷,岛田家尤其如此,但是因为有乐观精明的阿嬷,贫穷的日子过得有滋有味。

有一次,岛田得到别人送的西瓜皮面具,喜不自胜展示给阿嬷:"阿嬷,好不好看?""哦,很有意思。"第二天早上醒来,面具不见了,赶紧问阿嬷:"阿嬷,我的西瓜皮面具呢?""啊,那个啊……"阿嬷笑嘻嘻看着盘子,那里腌着西瓜皮,"嘿嘿,很好吃吧?"

还有一次,邻居送来一条鱼,阿嬷和岛田把它吃得一干二净,还剩下一根很大很粗的鱼骨头。阿嬷把它放进碗里,倒上热开水,冲了鱼骨头汤给他喝,更细的骨头,就晒干磨成粉给鸡吃了。

穷人更懂得珍惜,更懂得最大限度用好得到的东西,更懂得把贫穷的生活过得有滋有味。

有一次,岛田对阿嬷抱怨:"阿嬷,我们现在真穷,将来有钱就好了!"可阿嬷说:"什么话!穷有两种,穷得消沉和穷得开朗。做有钱人也很辛苦,要吃好东西,要去旅游,忙死了。穿好衣服走在马路上,还要担心摔跤。我们穷人习惯了穿脏衣服,淋了雨,摔跤坐在地上也无所谓啊,贫穷真好!"阿嬷就这样用乐观感染着他。是啊,本来就很穷,再活得消沉,生活就没意思了。做穷人是苦一点,但只要往好的方面想,也会活得愉快。

阿嬷的家门口有一条小河,小河里总会漂来一些东西,那是上游的人们不要的。岛田用木条扎了个架子,挡住那些东西,哇!经常能得到一些宝贝:变形的蔬菜、分叉的黄瓜……有一次,漂来一个篓子,里面塞满了米糠,上层是烂掉的苹果,阿嬷用手一掏,竟然得到一个完好的苹果!还有一次岛田竟然得到一个白铁皮玩具,他把它带到班上,这事儿引起了轰动,大家放学了都去打捞。

贫穷中的阿嬷和岛田过得很快乐,因为阿嬷经常挂在嘴边的话就是:"要带着笑容,好好跟人打招呼。穷人最能做的,就是展露笑容。你一笑,旁边的人也跟着都笑了。"长大以后的岛田,性格开朗乐观,写了大量喜剧剧本,成为日本喜剧泰斗。深受感动的日本读者们自发募捐,把他的这本《佐贺的超级阿嬷》搬上银幕,激励大家,成为电影史上最感人的事。

贫穷是一生历久弥新的永恒财富,是一种"火的熔炼",只有坚持下去才能把自己锻造成器。许多人在面临贫穷时,通过自己的努力挣回了养活自己的钞票,也积攒着别人不曾有的经历和经验,使贫穷成为自己人生中不可缺少的一种财富。正如有位成功人士所言:**"没有经历过穷困的人,他的生命是不完整的。"**

每个穷人都想脱离贫穷,世界上再也没有比极力想脱贫致富这种行动更强大的力量了。因此,年轻时的贫穷是应该感谢的,因为,它给你带来努力与希望,它让你的青春充满力量。

贫穷往往能够锻炼出非凡的能力。比较起来,富家子弟像温室里的小树苗,而穷人家的孩子饱受风吹雨打,更容易长成高大的树木。

在谈起学生时期的生活困难对自己一生的重要影响时,一位 20 世纪 50 年代毕业的北大学生这样回忆道:

我进入北大时,也是一个穷学生。由于父亲瘫痪,卧病在床,家中失去经济来源,没有一分钱支持我学习。虽然当时不交学费,伙食也是免费的,但是要买一些必需的学习资料和最基本的日常生活用品,总是要花钱的。那时候,我靠的只是每月 2 元的丙等助学金过日子。本来系里要给我每月 4 元的甲等助学金,可是想到这是人民的血汗钱,我没有接受。在这样的条件下,自然会遇到不少困难。

记得第一次手里拿着一个小小的洗脸盆,面对着一床大被子要洗的时候,真是不知从何下手。我想,一下子洗一床被子,我不行,但是洗一块手绢还是行的。被子有什么了不起,把它当作一百块手绢,岂不就不成问题了吗?这样一想,就什么困难都没有了。从此一通百通,面前就没有困难二字。每学期还要节约一点钱,在同仁堂给父亲买一点药寄回去。虽然这对他的病没有半点儿帮助,但是对老人家的心理却是莫大的安慰。

在北京学习几年,又工作了几年,我吃过几根冰棍,记得一清二楚。有事要进城,就借同学的自行车,早上在食堂多拿两个干馒头。走在王府井、西单大街上,从来也不对身边飘出阵阵香气的餐厅回头看一眼,岂不也过来了?寒暑假没有因为多余的钱买车票,所以不能回家,就整天泡在图书馆里博览群书,或是请教老师,增添了比别人更多的学习机会。那时候,想抓紧学习还来得及,真的没有半点自卑感。与此相反,我感到非常自傲。因为我付出的代价和收获,比别的同学不知多了多少倍。

这一段困苦的生活,不仅使我增长了许多学识,大大突破原有的专

感恩——化作春泥更护花

业,更加重要的是,锻炼了自己的意志,养成了良好的心态,一生受用无穷。

卡耐基说:"一个年轻人最大的财富莫过于出生于贫穷之家。"

贫穷本是困厄人生的东西,但经由奋斗而脱离贫穷,便是无上的快乐。两度出任美国总统的格鲁夫·克利夫兰起初也不过是个穷苦的店员,每年仅能得到微薄的工资,他后来说:"的确,极度贫困能使人全力地去为之奋斗。"

贫穷会磨砺人的智能,贫穷也能进化人的道德,振奋人的精神。在勇士的眼里,艰辛也是一种快乐。如果我们从历史中去搜寻证据,便会看到,人的勇敢、正直、大度,有时并不取决于他的财富,反倒取决于他的寒微。我们应该感谢贫穷,因为贫穷是命运赠予我们最丰厚的礼物。

心灵悄悄话

贫穷是一生历久弥新的永恒财富,是一种"火的熔炼",只有坚持下去才能把自己锻造成器。许多人在面临贫穷时,通过自己的努力挣回了养活自己的钞票,也积攒着别人不曾有的经历和经验,使贫穷成为自己人生中不可缺少的一种财富。

贫穷锻炼意志

贫穷,使人知道创业艰难,就会倍加珍惜,不挥霍浪费,不暴殄天物;贫穷,还可以激发一个人改变现状的奋斗精神,这些东西是无论多少金钱也买不到的宝贵财富。但贫穷又是一笔经过艰辛努力才可转化的潜在财富。

因为贫穷,我们无路可退,所以会选择破釜沉舟,努力拼搏;因为拼搏路上艰辛无比,所以可以磨砺一个人的志气;贫穷还铸就了我们自强不息的勇气和毅力。

贫穷本身并不可怕,可怕的是贫穷的思想,认为贫穷是自己的宿命。

倘若你觉得自己的前途无望,觉得周围的一切都很惨淡,那么你应该立刻转过身来,朝向另一面,朝向那希望与期待的阳光,将黑暗的阴影遗弃掉。把贫穷的思想、疑惧的思想从你的心中驱走,挂上光明的、愉快的图画。

一般来说,一个人如果曾被贫穷折磨,那么他对财富的欲望会比别人强,设想也会不断地涌出,并具有超群的行动力。

千昌夫是日本著名歌手。他在兄弟三人之中排行老二,小学三年级时父亲病故,全家人靠母亲的积蓄勉强维持生计。因为实在太穷而无力支付电费,他们家被停电。没办法,全家人只好靠蜡烛照明。即使是现在,每当他看到蜡烛,眼前就浮现出当年贫困生活的情景。据说他甚至讨厌看到餐桌上的蜡烛。

千昌夫升入高中后,心里仍旧充满着贫穷艰辛的感觉。这种感觉促使他产生渴望获得成功的雄心。高中二年级春假的一天，他独自一人乘夜间列车离家出走，怀着做歌手的理想直奔东京。之后，他拜作曲家远藤实为师，历经磨难与痛苦，终于成为后来风靡日本乃至世界的名歌手。

逆境、危机感、一贫如洗等，会成为取得财富的最大引爆剂和原动力。

人类有几种坚强的品质，是与"贫穷"势不两立、水火不容的。自强与自立，是坚强品格的基石。我们常能发现，有的人虽然贫穷、不幸，但仍然努力奋斗，这是因为坚强的品质发挥了非常重要的作用。一个失掉了勇气、失掉了自信、懒得去努力奋斗的人，同那些在追求财富的过程中不失坚强品质的人相比较，则是弱者。

其实，最能损害我们的能力、破坏我们的前途的，无过于向目前的不幸环境妥协，以不幸的环境为理由，而不想去挣脱它。

人的命运是好还是坏，全因人的思维方式而定：你认为成功的可能性大，则大；你认为成功的可能性小，则小。千昌夫取得成功的原因之一，就是即使在贫穷时期他也依然认为成功的可能性巨大无比。

人生只有一次，所以我们应该有远大的理想，并且为了实现理想而毫不犹豫地接受各种挑战。

有这样一位功成名就的企业家，他在40岁以前，一直穷困潦倒，家徒四壁，没有人看得起他，包括他的妻子。然而他没有因此就放弃希望。最后，他只身下海，从小本生意开始，在短短的10年内，就把一家手工作坊扩张成了资产达亿元的私营企业。

有记者对他说："凭借着你这样的头脑与智慧，如果你出生在大城市里，受过良好的教育，那么，你的成就肯定会更大，至少会超过现在。"

他沉默了一会儿，说："也许可能。但我相信，如果我不是生活在农村，没有经受过那么多苦难，而像其他城市人一样有衣穿，有房住，有人看得起，我会心安理得地过下去，绝不会开办自己的家庭作坊。从这个意义上说，我要感谢我原来那段贫穷的生活。"

有人说:"贫穷可以说是一种不幸.但只要你学会感恩,那它就是一种财富。你可以利用这笔'财富'去激发你的潜能、鞭策你的行为,用你的成绩去报答那些曾经帮助过你的人。"

是的,有了贫穷,就有了一种渴望翻身的信念,才能在不论是生活还是学习工作中都能全身心投入,去充实自己的大脑,提升自己的能力。**穷人家的孩子比起温室里的花朵来虽然艰辛了无数倍,却也收获了他们所难以收获的巨大财富。所以,请感恩贫穷吧。**

孟子曾经说过:"天将降大任于斯人也,必先苦其心志,劳其筋骨,饿其体肤,空乏其身,行拂乱其所为……"的确,人处于困境之中,往往会生发出一种不甘沉沦的豪气,于是用尽心力,纵身一跃,即便是粉身碎骨,也义无反顾。

俄国著名作家高尔基曾经是个流浪儿,荷兰画家凡·高也曾一文不名,丹麦童话作家安徒生出生于鞋匠家庭,居里夫人刚满 10 岁就出去打工……翻开历史,我们得到印证:贫穷,是一种财富。

心灵悄悄话

倘若你觉得自己的前途无望,觉得周围的一切都很惨淡,那么你应该立刻转过身来,朝向另一面,朝向那希望与期待的阳光,将黑暗的阴影遗弃掉。把贫穷的思想、疑惧的思想从你的心中驱走,挂上光明的、愉快的图画。

感恩——化作春泥更护花

乐观面对贫穷

　　面对贫穷和困难,有人直面正视、勇于迎接,有人观望待救、消极回避。选择哪种方式,就意味着将要面临一个什么样的未来。毋庸置疑,**能够经受贫穷和困难考验的人,生活将充满生机。**

　　古今中外,许多业有所成的名人,都是从贫寒的家境中走出来的。他们勇敢地面对困难,坚强地挺过了生活困难时期。在他们看来,求人不如求己。他们独立自主,用自己的双手去开垦属于自己的一片天地,用自己的智能去编织属于自己的未来。他们没有天天等待机会,而是努力地去争取创造机会;他们没有接受富人的救济,而是靠自己养活自己。

　　美国副总统亨利·威尔逊小时候,家境非常贫困。他在回忆自己早年的处境时这样说:"我出生在贫困的家庭里。当我还在摇篮里牙牙学语时,贫穷就露出它的狰狞面目了。我深深体会到,当我向母亲要一片面包而她手中什么都没有时是什么滋味。我承认我家确实穷,但我不甘心。我要改变这种情况,我不会像父母那样生活,这个念头无时无刻不纠缠在我心头。可以说,我一生所有的成就都要归功于我不甘贫穷的心。我要到外面的世界去! 在 10 岁那年我离家,当了 11 年的学徒工,每年可以接受一个月的学校教育,在 11 年的艰辛工作之后,我得到了一头牛和六只绵羊作为报酬。我把它们换成几个美元。从出生到 21 岁那年为止,我从来没有在娱乐上花过一个美元,花每一美分都是经过精心计算的。我完全知道拖着疲惫的脚步在漫无尽头的盘山路上行走是什么样的痛苦感觉,我不得不请求我的同伴们丢下我先走……在我 21 岁生日之后的第一

97

个月，我带着一队人马进入了人迹罕至的大森林，去采伐那里的大圆木。每天，我都是在天际的第一抹曙光出现之前起床，然后就一直辛勤地工作到天黑后星星探出头来为止。在一个月夜以继日的辛劳努力之后，我获得了6个美元作为报酬，当时在我看来这可真是一个大数目啊！每个美元在我眼里都跟今天晚上那又大又圆、银光四溢的月亮一样。"

在这样的贫困环境之中，威尔逊没有消沉、没有回避，反而勇敢地面对，最终磨炼出了坚忍不拔的意志。在他21岁之前，他已经设法读了1 000本好书，这对一个穷人家的孩子来说是多么艰难的事情啊！他曾徒步到100里之外的马萨诸塞州的内笛克去学习皮匠手艺。一年之后，他已经在内笛克的一个辩论俱乐部中脱颖而出，成为其中的佼佼者。后来，他在马萨诸塞州的议会上发表了反奴隶制度的演说，引起了广泛的关注。12年之后，他与著名的社会活动家查尔斯·萨姆纳平起平坐，进入了国会。后来，威尔逊又竞选副总统，并如愿以偿。

试想一下，如果当初威尔逊选择了逃避，他后来的人生将会怎样？我国生活困难的大学生又是怎样面对自己的处境呢？

生活困难的大学生杨某说："9月1日我来到内蒙古某大学，没有钱交学费和住宿费。在外地打工的父母寄回来的钱，仅仅够我和哥哥的生活费。我父母没有文化，40多岁了还常年在外奔波。我能体会他们的苦心。他们一直都想改变家里的现状，但从未成功。接到通知书那天，我去了民政局，开具了家庭特困证明。当时，贫穷深深地困扰着我。很少有人能明白：一个十几岁的孩子为了参加演讲比赛而向同学借衣服；也很少有人能明白：一个十几岁的孩子为了交几十元的参考书费而愁得几夜不合眼。我不知道自己出于怎样一种心情，但我却深信：被贫穷困扰着的生活远比一帆风顺、优越舒适的生活更为真实、更为深刻。我在经历了半个月的大学生活后，发现自己成熟了许多。生命能承受泪水之重——谁不是一边流泪一边学会勇敢与坚强？我擦干了泪，它已将烦恼与忧伤冲刷掉，只沉淀下那些令我快乐的阳光往事了。"她说话时，语气的坚定、目光的坚毅,让人深深地感到有一种不可摧毁的力量在推动着她向前走。

面对贫穷,我们要学会勇敢和坚强。只有这样,我们才能承担以后生活中更多的重任。

一位著名的作家谈到他早年辛勤工作时说:"当我回顾那段艰难却令人难忘的岁月时,内心却充满喜悦。当我的口袋里没有一分钱,在一个没有炉火的小屋里专心写作时,我感到无比快乐,比我现在坐在舒适体面的会客厅里感觉到的快乐要大得多。"

快乐到底是什么呢?为什么那么多富人找不到快乐,而一些穷人却能沉浸在快乐的生活中?

一位哲人说得好:"让空虚和谎言都离我而去,贫穷非我所欲,富足亦非我所欲;粗茶淡饭,我足矣。"人快乐的天性是不平等的。这种不平等,较之财富的不平等,更为重要。财富所赐予人的其实是有限的,人天性的快乐和忧伤,并不取决于它。**精神的力量远大于财富,它决定了人们天性的快乐或者忧伤**。常言说:"知足者常乐。"一个穷人知足天性所带来的快乐,足可抵过一个富翁穷奢极欲的欢愉。

心灵悄悄话

古今中外,许多业有所成的名人,都是从贫寒的家境中走出来的。他们勇敢地面对困难,坚强地挺过了生活困难时期。在他们看来,求人不如求己。他们独立自主,用自己的双手去开垦属于自己的一片天地,用自己的智能去编织属于自己的未来。

第五篇　感恩失败

　　失败是成功的基石，是通向成功的阶梯。每一次失败，都能磨炼我们的意志，增强我们的勇气，考验我们的耐心，培养我们的能力，只有经过一次次的失败才能积累起获取成功的经验。失败并不可怕，只要我们坦然勇敢地面对失败，锲而不舍地前行，成功就会出现在下一个路口。

　　对于一些人来说，失败意味着完结，但对于那些接受失败和热爱挑战的人来说，失败是一次宝贵的经历，是一次新的开始，是一个达到新高度的跳板。他们甚至不用"失败"这个字眼，而是代之以"受挫"和"新起点"等词汇。失败并不可怕，可怕的是掉进失败的深渊中不能自拔。

失败不是末日

一般来说，所有追求事业的人，无不在渴望着成功，但在追求理想的道路上，失败总是不可避免的，它是人生乐章中一个不和谐的音符。**有的人因失败而沉沦，因为他们回避失败；有的人因失败而奋进，因为他们正视失败。**

失败是一面镜子，它能让我们发现自己的弱点和不足，当我们把造成失败的沟壑填平后，成功便会奇迹般地出现在我们面前；失败是一剂苦口的良药，它能让我们由幼稚变成熟，由轻浮变稳健，由急躁变冷静，由狂热变清醒。

因此，从失败中得到的体会将使我们终身受益，失败是通向成功的阶梯。多一次失败，便缩短一点通向成功的距离。只要我们锲而不舍地踏着失败搭成的阶梯不停地攀登，成功就会在不经意间拥抱我们。

人生并没有真正的失败，有些人多年后再回想起失败时，他们是心存感谢的，因为没有曾经的失败，或许今日的他们，依然如昨日的他们一样，依然不会成功。

一位有成就的女性民营企业家，在介绍经验时，叙述了自己感谢的事：她感谢当年不录用她的航空公司以及一些知名大公司对她的拒绝，正因为他们的拒绝，才让她有了自己办公司当老板的念头，然后以积极的心态激昂地站在这个领域中继续努力，从而取得了以前没法想象的成功。

失败既无可避免，也并非毫无益处。其实失败是人生固有的，失败是可以接受的，也是应该接受的。对一个尚未起步或刚刚起步的人来说，清楚人生的这些状况很有必要，这样就可以调整自己的心态，制订更长远的人生目标。

英国小说家、剧作家柯鲁德·史密斯曾经这样说:"对于我们来说,最大的荣幸就是每个人都失败过。而且每当我们跌倒时都能爬起来。"

一个成功的保险推销员达比给拿破仑·希尔讲了一个故事,并说他自己的成功得益于此:达比曾跟伯父去淘金,本来他们发现了一流的富矿,全家人高兴极了,可是挖着挖着没了矿脉,费了好大的劲也没有再找到矿脉,于是他们把机器廉价卖给了旧货商打道回府了。那个旧货商找到了一个工程师,经过实地勘察发现这只不过是一个断层。于是旧货商继续开采,结果下掘三尺便又发现了矿脉,达比及其伯父轻易地放弃了一个发财的机会。

失败有时距离成功也就只有那么三尺,有时或许只差毫厘。所谓失败,其实就是自己的一种感觉,是在通往目标的过程中,由于自己的行动多次受阻而产生的绝望感,是自己在心中滋养起来的"纸老虎"。对于这种吓人的张牙舞爪的"纸老虎",你不打,它是不会倒的。

在前进的路上,我们可能会做错,可能走了弯路,可能离原来的目标更远了。但是,这一切都是宝贵的体验和收获,如果我们愿意进一步地尝试和努力,那么原来的错误就是我们前进的阶梯。可是,如果我们在挫折之后对自己的能力或"命运"产生了怀疑,产生了失败情绪,想放弃努力,那么我们就真的失败了。

"失败是成功之母",如果仅从字面上考究,我并不同意这种说法,换个表达方式可能更好一些,那就是:错误和尝试是成功之母,而失败仅仅是自己的一种感觉,一种绝望的感觉。在客观世界中,没有什么失败。

一个人在工作和生活中会遇到各种障碍、困难,遭遇很多失败、痛苦。在失败面前,有的人会出现暴怒、恐慌、悲哀、沮丧、退缩等情绪,影响了学习和工作,损害了身心健康。而有的人却笑对失败,对环境的变化做出灵敏的反应,善于把不利条件化为有利条件,摆脱困境,走向成功。

"失败是为了下一个成功"。这是拿破仑说的话。成功固然重要，但是失败的经历也同样重要，只有在失败之中我们才能找到获取成功的经验。**失败的经历，给我们提供了许多宝贵的经验，让我们知道了如何让未来的生活过得更有意义。**

爱迪生说过："我喜欢成功的感觉，但是失败也是我需要的，对于我来说，成功与失败都具有同样的价值，只是它们的取向不一样。只有在我失败以后，我才能找到成功的方法。"这是他在许多次失败以后总结出的一条宝贵经验。从他的话中，我们应该得到这样的启示：只有不害怕失败，深知失败意味着什么，才有可能获取成功。从某种意义上说，我们应该感谢失败带给我们的启发和经验。

失败是不可避免的，高考落榜时，应聘失败时，股票狂跌时，公司倒闭时，所以，请你正视失败。失败并不意味着你是失败者，只是表明你该变换一下方向；失败并不意味着你必须放弃，只表明你还要继续努力；失败并不意味着命运对你不公，它表明命运还有更好的给予。失败生出沉甸甸的麦穗，等待着成功来收获。

失败本身并不可怕，可怕的是失败得没有价值。一个人虽然犯了点小错误，但如果他能总结失败的教训，知道自己为什么失败，并不再犯更大的甚至是致命的错误，则错误对他来说是无价之宝，比成功的经验还重要。一个人虽然取得了一点成绩，但如果不善于总结成功的规律，不知道自己为什么成功，就不可能保证永远成功，则这种成功比失败更可怕。

世界发明大王爱迪生在试制电灯灯丝的过程中，曾经试验了几千种材料。有人说他失败了几千次，他说："不，起码我知道这几千种材料不能用来做灯丝。"对于这样伟大的发明家来说，同样一项试验，站在这一角度可能是失败，站在另一角度则可能是成功。甚至还可以说，失败正在为成功铺路。

可口可乐的发明就是缘于一次配方失败，X 光的发现也是缘于一次试验失败，但这些失败的人最终从"失败"中受益无穷，其最根本的原因就是他们对失败进行寻根究底的追问。知道为什么失败，就是成功。

因此，人只有经过失败，并利用失败，才会走向成功。正像一位伟人所说，**错误和挫折教育了我们，使我们变得聪明起来。**

　　我们要保持沉稳的心态和昂扬的信念，败而不馁，在失败后用冷静的目光审视失败，总结失败的经验教训，会重新获得智慧和力量。失败是暂时的，失败并不能说明我们已与成功无缘，只是说明我们暂时还与成功无缘。在失败时不失去奋斗的信心和勇气，只要敢于拼搏，就能拥有成功的希望。

　　失败如同一剂苦涩的良药，虽然苦口，但利于成功！

心灵悄悄话

　　失败既无可避免，也并非毫无益处。其实失败是人生固有的，失败是可以接受的，也是应该接受的。对一个尚未起步或刚刚起步的人来说，清楚人生的这些状况很有必要，这样就可以调整自己的心态，制订更长远的人生目标。

感恩——化作春泥更护花

失败是成功的开始

英国查尔斯王子说过："人，如果不经历失败，那么他的成功就是一个虚伪而又短暂的荣誉。"

任何成功的过程都难免遇到失败，可以说没有失败便没有成功。每一次失败都让我们清醒，让我们排除一条走不通的路。**失败犹如一条绳索，坚强的人可以借助它攀高涉险，步入新的天地。**

有成功就有失败，有失败也同样会有成功。成功与失败是相辅相成的。一个没有失败过的成功者，不一定能守得住现有的成就；而一个失败过的成功者，定能守住自己现有的事业。

"失败是成功之母，"这句话的真正含义也只有那些具有积极心态、意志坚强、自信主动的人才能真正地领悟。

每个人都会遭遇失败，我们不可能避免这些失败的缠绕，因为我们始终有自己追求的目标、前进的方向。有越高的追求目标，遭受的失败也就越多，这是成功者们都经历过的，也是我们所要面对的。

失败对于那些消极的人来说是灭顶之灾，而对于那些领悟了"失败是成功之母"所包含的意义的人来说，失败只会把他们锻炼得更加成熟而坚强。

一位成功者充满自信地说过："失败意味着三种情况：一是我们选择的路不通；二是受某种原因的阻碍，我们还没找到；三是差一点儿坚持。"是啊，即使当前失败了，只要有再来一次的勇气，获得成功并不是难事。

没有经过痛苦与磨难的人，他的人生是不完整的。世上没有任何一个幸福之人不曾经历过挫折与困难，也没有任何一个成功者没有经历过失败与磨难。翻开那些伟大成功者的创业史，就可以见证他们经过了多少风吹雨打，品尝过了多少酸甜苦辣。

未曾有过失败的成功不是真正的成功，因为只有经过一次次的失败才能积累起获取成功的经验。失败是通往成功路上必须经历的一道坎，跨过这道坎成功就会到来。

这是个成功者的故事，也是一个人失败过18次的故事：

莎莉·拉斐尔是美国著名的广播员，在她30年的广播职业生涯中，她被辞退过18次，可是这18次的失败换来了她更大的成就。

每一次的失败莎莉都会鼓起勇气，再一次放眼于更高处，确立比上次更大的目标。正因为她的这种折不断、压不弯的意志，让她获得了两次重要主持人奖项。莎莉这样讲述自己的失败经历："我曾经被辞退过18次，在这18次辞退中，我曾想过退出，但我坚持走了过来，我反而让它们成为鞭策我勇往直前的一种动力。"

天下哪有不劳而获的？如果能利用种种挫折与失败，来促使你更上一层楼，那么一定可以实现你的理想。看过世上那些伟人的经历就会知道，他们的功业彪炳史册，但都经受过一连串的无情打击，只是因为他们都坚持到底，才终于取得辉煌成果。

一个人在职场中打拼，难免会遭受挫折与不幸，甚至失败。然而，很多人都因失败而成功。失败，是我们人生道路上一笔巨大的财富；失败，让我们的生活更加精彩。**感恩失败，感恩它赋予我们独特的人格魅力。**

失败算什么？在挫折和失败面前，我们必须有一种永不言败的心态。我们要感激失败的考验，让我们从失败中走出一条新路，这样才有希望摘取成功的桂冠。

一家大公司要招聘10名职员，经过一段时间严格的面试、笔试，公司从300多名应聘者中选出了10名佼佼者。

发榜这天，一个青年见榜上没有自己的名字，悲恸欲绝，回到家中便要悬梁自尽，幸好被亲人及时发现，他才没有死成。

正当青年悲伤之时，却传来好消息：他的成绩本是名列前茅，只是由于计算机操作的失误，才导致他的落选。

正当青年一家人大喜过望之时，却又从公司传来消息：他被公司除了名。原因很简单，公司的老板认为："如此小的挫折都经受不了，这样的人肯定在公司里干不成什么大事。"

有人说，检验一个人，最好是在他失败的时候，看失败能否唤起他更多的勇气，看失败能否使他更加努力，看失败能否使他挖掘自身潜力，看失败以后他是更加坚强还是就此心灰意冷。

有人说过："失败不该成为颓丧、失志的原因，应该成为新鲜的刺激。"**失败并不可怕，关键是要有从跌倒的地方站起来的勇气和心态。**

日本大企业家松下幸之助对他的员工说："成功是一位贫乏的教师，它能教给你的东西很少；我们在失败的时候，学到的东西最多。""跌倒了就要站起来，而且更要往前走。跌倒了站起来只是半个人，站起来后再往前走才是完整的人。"

人生的成功秘诀之一就在于如何面对失败。有些人将失败看成打击，他的前一次失败就埋下了下一次失败的种子，那是真正的失败者。另一些人将失败作为一种收获，每一次的失败都增加了下一次成功的机遇。屡败屡战，斗志便一次比一次更强，愈战愈勇，最终胜利也就自然来临。

心灵悄悄话

每个人都会遭遇失败，我们不可能避免会受到这些失败的缠绕，因为我们始终有自己追求的目标、前进的方向。有越高的追求目标，遭受的失败也就越多，这是成功者们都经历过的，也是我们所要面对的。

不要仇恨失败

失败并不可怕，关键是我们以什么样的态度去对待它。当我们真正地明白了、理解了失败的意义，我们便也懂得了：其实，我们应该感谢失败对自己的磨炼。

人的一生难免会遭遇多次失败，遭遇失败并不可怕，失败并不意味着你一无所有，只是表明你暂时尚未成功；失败并不意味着你一事无成，只是表明你得到了经验和教训。因此，请你别忘记感恩你所经历的失败。

有的人心理素质较差，意志力不强，在学习、工作和生活中一遇到失败，就渐渐对自己失去信心，这样，即使有好机会使事情出现转机，也被这拉长的苦脸吓跑了。

每一次失败，都是一次超越的机会，逃离失败、躲避失败，就会把一个人的活力与成长力剥夺殆尽，使人变成行尸走肉。所以，失败是超越自我的重要推动力。

林肯在竞选伊利诺伊州的参议员失败后说："如果圣明的百姓用他们的智慧决定我该接受这个磨炼，那么，我便会从失败中学会某些真理，而不至于过分愤怒。"

每一次失败，都能磨炼你的技巧，增强你的勇气，考验你的耐心，培养你的能力。

美国成功学专家拿破仑·希尔在总结了自己的七次失败之后说："看起来像是失败的，其实却是一只看不见的慈祥之手，阻拦了我的错误路线，并以伟大的智慧强迫我改变方向，向着对我有利的方向前进。"失败，是超越自我的坐标，一旦发现此路不通，便要另辟蹊径，当许许多多这样的坐标被明显地标示出来后,通往成功之路就更加清晰了。

迈克尔·戴尔在培训员工时常常说:"不要粉饰太平。"他的意思是说,我们不要试图把错误的事情用各种理由来美化,即使暂时掩盖了真相,问题也迟早会出现,所以直接面对最好。每当他的经营出现问题后,他都会以积极的态度正面迎接问题,而不是寻找理由逃避问题。他以这种斩钉截铁的态度去面对所有错误,坦白承认说:"我遇到问题了,我负有责任,因此我必须进行修正。"他很清楚,如果自己不这么做,别人这样做了,成功就会属于别人。

几年前,宜家不得不收回一种儿童玩具,并下令停止生产,因为这种玩具的眼睛有脱落的危险,对儿童的安全不利。幸运的是,宜家在发生问题之前就发现了这种情况。可是停产又带来了另外一个问题。这种玩具由印度一家工厂生产,该工厂有600名雇员,一时间,600名工人无工作可做。因此,宜家先后派了几名设计师到工厂去查看情况。看看有什么解决办法。前面的几个设计师去了之后都没有提出任何建议,宜家总部陷入了恐慌。此时,一个平时不太引起大家注意的设计师安娜主动请缨,并相信肯定会有办法来解决的。

安娜查看了工厂以及所用的材料,她与供应商一起工作,从不同的角度进行分析论证。一条路线走不下去,再换一条,就这样,安娜经过连续几个通宵,开发出了一个全新系列的产品,取名叫"法姆尼"。两个星期后,她带着法姆尼返回了瑞典。这是一种带有手臂的精美靠垫。该产品推出后,立即受到顾客的喜爱。法姆尼取得了巨大的成功。更值得一提的是,顾客对这种产品的需求量很大,仅靠该生产厂家原有的600名雇员都不能满足这个需求,后来工厂又招聘了许多新的雇员。

不敢失败实质上是人生的真正失败。一帆风顺的人达不到创造的顶峰。他们的潜力也就不可能真正发挥出来。

失败是一块调色板,它使我们的生活变得五彩缤纷、绚丽灿烂。如果没有失败，就没有人生的大起大落，也就少了那份执着，少了那份激情；失败是一个熔炉，它可以把人身上的杂质都熔化掉，使人成为一块纯净的好钢。失败是一块试金石，它可以锻炼人的意志和能力，使我们更加坚强、更加坚韧，我们的信心也会随着那份执着更加坚定。失败是一所好大学，我们可以学到不少知识，来不断地丰富自己、完善自己、提高自己，以适应当代社会的经济发展。既然失败带给我们这么多宝贵的经验，那么我们就应该把失败当作自己的财富，直面失败，感谢失败。

英国劳埃德保险公司曾经创下过这样的纪录，他们从拍卖市场买下一艘船，这艘船1894年下水，在大西洋上曾遭遇138次冰山，118次触礁，13次起火，207次被风暴扭断桅杆，然而它从没有沉没过。

劳埃德保险公司基于它不可思议的经历及在保费方面带来的可观收益，最后决定把它从荷兰买回来捐给国家。现在这艘船就停泊在英国萨伦港的国家船舶博物馆里。后来，有一位律师来此处观光，使这艘船得以名扬天下！当时，他刚打输了一场官司，委托人也于不久前自杀了。尽管这不是他的第一次失败辩护，也不是他遇到的第一例自杀事件，然而善良的律师十分苦恼这样的悲惨结局。每当遇到这样的事情，他总有一种负罪感。他很想用一种方法来避免这一灾难，来安慰这些在生意场上遭受了不幸的人。

当这位律师来到英国观光时，意外地在萨伦船舶博物馆看到了这艘船，他忽然有了一种冲动，好像自己的难题得到了解决。他想：为什么不让他们来参观参观这艘船呢？于是，他就把这艘船的历史抄下来和这艘船的照片一起挂在他的律师事务所里，每当商界的委托人请他辩护，无论输赢，他都建议他们去看看这艘船。它使我们知道：在大海上航行的船没有不带伤的，我们要永远铭记伤痛，换一个角度看待失败，永远感谢失败对自己的教训，感谢失败对自己的磨炼。

虽然失败带给我们很大的痛苦，但是失败也可以使我们的生活变得更加有意义。如果没有失败，生活便过于平淡，让人觉得索然无味。只有经历了失败，我们才能从中发现自己的缺点和不足，吸取经验教训，为成功积蓄力量，孕育希望的种子。在一次次的失败后，我们身上的污点也会一点点地消失，成为一块晶莹剔透的无瑕之璧。

失败不足畏，我们既然向往辉煌，憧憬成功，那么就勇敢地拥抱失败，真诚地感谢失败。

人类的进步就是在不断地与对手之间的角逐中发展，在失败中取胜。有了拼搏，有了对失败的抗争，历史上才会留下破釜沉舟的誓言。我们理应感谢失败，感谢失败为我们指明了航标。有失败的经历，才会有成功的可能。学会欣赏失败，珍惜失败，从失败中学习，这样，我们才会以更矫健的步伐迈向成功。

心灵悄悄话

失败是一块调色板，它使我们的生活变得五彩缤纷、绚丽灿烂。如果没有失败，就没有人生的大起大落，也就少了那份执着，少了那份激情；失败是一个熔炉，它可以把人身上的杂质都熔化掉，使人成为一块纯净的好钢。

别让失败绊住脚步

人生难免要遇到挫折和失败,在人生的旅途中有顺境也有逆境,这正如我们走在路上,不会一路都是绿灯,也不可能都是红灯一样。顺境时不能沉溺,逆境时更要挺起腰板坚持下去。

罗伯特·麦瑞尔,这位已经演出了近5 000场,曾经为9位美国总统演唱过的美国著名男中音歌手,他那震人心魄、令人陶醉的美妙歌声,至今仍令千万人着迷。可是,又有谁知道这位在纽约布鲁克林贫民窟长大的小男孩,有着严重的口吃毛病? 天知道他多少次地战胜自己。在学校读书时,他连回答老师的问题都害怕。"那时,我最害怕在全班同学面前被提问,只要我知道哪天我该被提问了,我就逃学,万一我被提问了,我就背对着全班同学站着回答问题。同学们都嘲笑我。"他回忆说。但如今,他常常站在成千上万人面前为他们演唱,那美妙的歌声让他赢得了雷鸣般的掌声。

年轻人都有远大的理想抱负,都希望有一天能够出人头地。但是,在前进的路途中难免会碰到各种各样的挫折和失败。世界上没有专门为我们建造好的乐园,人生道路也不全是用鲜花铺就的,那么,我们又有什么理由去埋怨命运的不公和生活的坎坷呢? 人生就像一条奔腾的河流,只有遇到礁石才会溅起美丽的浪花。

步入社会后,只要有所追求,失败总会如影随形,成为人生中最深刻的体验。不过每一次失败都是一次考验,失败的结果可以导致一个人丧失斗志,也可能导致一个人奋发图强。

著名科学家钱学森说:"没有大量错误做台阶,也就登不上最后正确结果的宝座。"那些失败了不气馁,又振作精神从头再来的失败者,比那些轻而易举获得成功的人更值得尊敬。

挫折和失败不以我们的意志为转移,所以我们要冷静地面对它。

人生中的成败一般都是有规律的,往往是这样:成果未就,先尝其苦;壮志未酬,先遭其败。可以说,一个人所追求的目标越高,越是好强上进,就越容易体验到挫折感。

挫折对人而言,有利也有弊。于利而言,它能激发一个人的潜能和斗志,增强他的韧性和承受能力。于弊而言,它会造成心理上的伤痕和行为上的偏差,甚至有可能造成成长环节上的缺陷。

一个坚强的人,他会常常告诫自己,人生没有一帆风顺的旅途,接受挑战是一种乐趣!

俄国伟大作家托尔斯泰就是从一次又一次的挫折中站起来,重新审视自己,最终才成为文学泰斗的。

德国天文学家开普勒,在母腹中只待了七个月就早早来到了人世,从童年开始一直多灾多难。后来,天花又让他变成满脸麻子的模样,猩红热又弄坏了他的眼睛。但他凭着顽强、坚毅的品质发愤读书,学习成绩遥遥领先。后来因父亲欠债使他失去了读书的机会,他就一边自学一边研究天文学。在以后的生活中,他又经历了多病、妻子去世、良师去世等一连串的打击,但他仍然坚强地挺立着,从未停下对天文学的研究,终于在59岁时发现了天体运行的三大定律。他把一切不幸都化作了推动自己前进的动力,以惊人的毅力摘取了科学的桂冠。

巴尔扎克也说:"挫折和不幸,是天才的晋身之阶,信徒的洗礼之水,能人的无价之宝,弱者的无底深渊。"

是的,小树苗不经历狂风暴雨,长不成参天大树;薄铁片不经过千锤百炼，成不了坚硬的钢材。命运是一个伟大的雕塑家，它有时会举起铁锤在你身上敲打，这虽然会使你痛苦，但同时也会让你坚强。痛苦像一把犁刀，它有时会割破你的身体，让你流下热血和眼泪，但同时也会开掘出你生命中新的水源。

莫因暂时的失败和挫折而长吁短叹，莫因路途坎坷而灰心丧气，莫因厄运降临而意志消沉。诅咒和泪水于事无补，只有拼搏的火种才能燃起希望之光。

我们要拥有一颗清醒的头脑，并时刻保持一个全新的自我。失败所造成的严重后果，往往不在失败本身，而在于失败者对待失败的态度。聪明的人能在失败中学到教训，处之泰然，知道自己失败之后应该怎么做。愚蠢的人只会一再失败，而不能从中学得任何经验。一旦遇到失败就惶恐不安，不知所措，任其自然或极力掩饰，这样是不会有什么作为的。

"我在这儿已做了 30 年。"一位员工抱怨自己没有被提升，"我比你提拔的很多人多 20 年的经验。"

"不对，"老板说，"你只有一年经验，你没从自己的错误中学到任何教训，你仍在犯你第一年开始做事时的错误。"

好悲哀的故事！即使是一些小小的错误，都应从中学到些什么。很多时候，我们不要局限在事实表面，不要以为错了，失败了，就是结果了，就别无选择了，而要能透过事实看到本质，知道为什么会犯这样的错误并加以改正才能有所进步。如果从一个失误中你能领悟到一个或多个经验，那么这个错误就是值得的。

美国著名的钻石天地公司成立之初的目的是从事钻石开采，但公司地质勘探人员犯了一个错误使他们没找到钻石，却发现了世界上最大的镍矿之一。公司决策人员立即调整了经营方向，结果，公司的股票价格迅速飙升。现在，尽管公司仍在使用以前的名称，但其真正的业务却是制造镍币。

有智慧头脑的人不会让失败遮住双眼，因为他们懂得放弃，懂得为了成功重新做选择。

俗话说："退一步海阔天空。"我们正当年轻，当遇到困难，受到挫折的时候，不要以为一切都不可挽回了，告诉自己还有希望，此路不通，另辟蹊径。做你想做的，你还是可以成功的。

维斯卡亚公司是 20 世纪 80 年代美国著名的机械制造公司，其产品销往全世界，代表着当时重型机械制造业的最高水平。许多人毕业后到该公司求职都会遭到拒绝，原因很简单，该公司的高技术人员已经爆满。但是令人垂涎的待遇和令人自豪、炫耀的地位仍然向那些有志的求职者闪耀着诱人的光环。

詹姆斯是某知名大学机械制造业的高才生，和其他人一样，在该公司每年一次的用人测试会上，他的申请被拒绝了。其实，这时的用人测试会已经是徒有虚名了。但詹姆斯没有心灰意冷，他发誓一定要进入维斯卡亚重型机械制造公司。于是他采取了一个特别的策略，他到公司人事部，提出为该公司提供无偿劳动力。不管公司分派给他什么工作，他都不计任何报酬来完成。公司起初觉得这不可思议，但考虑到不用任何费用，也用不着操心，于是分派他去打扫车间里的废铁屑。一年来，詹姆斯勤勤恳恳地重复着这种简单劳累的工作。为了糊口，下了班他还要去酒吧打工。这样做虽然得到了老板及工人们的好感，但是仍然没有一个人提到录用他。

1990 年年初，公司的许多订单被退回，理由都是产品质量有问题，为此公司将蒙受巨大损失。公司董事会紧急召开会议商议解决办法，当会议进行一大半却毫无进展时，詹姆斯闯入会议室，提出要直接见总经理。在会上，詹姆斯把问题出现的原因作了令人信服的解释，并且对工程技术上的问题提出了自己的看法，随后拿出了自己对产品的改造设计图。

这个设计非常先进，恰到好处地保留了原来机械的优点，同时也克服了已出现的弊病。总经理及董事会的董事见这个清洁工如此精明在行，就询问他的背景和现状。詹姆斯面对公司的最高决策者们，将自己的意图和盘托出。经董事会举手表决，詹姆斯当即被聘为公司负责生产技术问题的副总经理。

原来，詹姆斯在做清扫工时，利用清扫工可以到处走动的好处，细心察看了整个公司各部门的生产情况，并一一作了详细记录，发现了所存在的技术性问题并想出解决的办法。为此他花了将近一年的时间搞设计，做了大量的统计数据，为最后的成功奠定了基础。

詹姆斯的聪明之处在于，他在遇到难以克服的困难时放弃了从正面进攻的方法，转而采用了一个小小的策略，重新选择了求职之路，最后照样取得了成功。

有的失败转眼就会被我们忘记，有些却能给我们留下深深的伤痛。但是，不管怎样，我们都不应该惊慌失措、犹豫不决。失败了，要勇于放弃引你走进失败的那条路，果断地为自己重新选择一条通向成功的路。

心灵悄悄话

年轻人都有远大的理想抱负，都希望有一天能够出人头地。但是，在前进的路途中难免会碰到各种各样的挫折和失败。世界上没有专门为我们建造好的乐园，人生道路也不全是用鲜花铺就的，那么，我们又有什么理由去埋怨命运的不公和生活的坎坷呢？人生就像一条奔腾的河流，只有遇到礁石才会溅起美丽的浪花。

感恩——化作春泥更护花

永远保持微笑

失败并不可怕,可怕的是掉进失败的深渊中不能自拔。我们要抛开抱怨,用微笑和热情拥抱失败,进而鞭策和鼓励自己在通往成功的道路上继续勇往直前。

对于一些人来说,失败意味着完结,但对于那些接受失败和热爱挑战的人来说,失败是一次宝贵的经历,是一次新的开始,是一个达到新高度的跳板。他们甚至不用"失败"这个字眼,而是代之以"失误""受挫"和"新起点"等词汇。

有人问美国古柏建材公司前董事长拜伦:在他的创业历程中,遇到的最棘手的问题是什么? 他回答说:"我不知道什么是最棘手的问题,只知道尽我最大的努力去做事。"

老人牌麦片公司曾收购过一家电子计算机商店和一家化妆品商店,后来因经营不善纷纷关闭了。公司董事长威廉·史密斯伯承担了这两次失误的责任,事后他对属下们说:"我希望你们的骨子里有一种敢于冒险的特质,哪怕这次冒险把事情搞砸了。我们公司的高层人员中,没有一个没犯过类似错误的,包括我本人在内。这就像学滑雪一样,不栽跟头是永远学不会的。"

太阳食品有限公司原总经理李照森之所以能够创业成功,原因之一就是他能够善待失败,始终能用微笑和热情去拥抱失败。

李照森自创业10多年来,饱尝了挫折和失败的滋味。然而李照森是个响当当的硬汉,从未屈服过,一路走来谱写了精彩的奋斗篇章:

1984 年，李照森在吃"鱿鱼锅巴"时，突发奇想：如果能把只在饭桌上才能吃到的锅巴变成人们手中的小食品该有多好。于是，他开创了"太阳锅巴"。"太阳锅巴"可谓顺应需求，一问世便受到广大消费者的青睐，一时间出现供不应求的热销局面。1990 年 11 月，李照森结束出国考察回到公司一看傻了眼：从库房到院子到处堆满了积压的产品。

见此情景，李照森顿时慌了手脚，忙中出错又作出一个错误的判断：锅巴卖不动的原因在于市场上假冒产品的冲击，由于假"太阳锅巴"质量低劣，大家连真"太阳锅巴"也不敢吃了。于是打假大战打响了。

为了打击假冒伪劣锅巴，李照森决定采取降价销售措施，试图使假冒商品无利可图而退出市场。然而效果却不明显，简直是劳而无功。李照森第一次尝到了苦头。

1991 年，销售额从 1990 年的 1.5 亿元一下降到 5 000 万元；1992 年，销售额又掉到 4 600 万元，亏损 300 万元；1993 年，销售额跌至 4 200 万元，亏损 700 万元。

许多领导和员工见公司效益日渐下滑，一个个像泄了气的皮球，对公司前景极为失望。只有李照森越挫越勇，他相信自己仍有回春之力。李照森召集领导班子对失败的原因进行了深刻的反思和研究，结果发现，原来从 10 月份开始是锅巴销售的淡季。

李照森周围和身边的人认为他最大的特点是豁达、乐观，无论面对多大的困难，他总是不断地进取，从不悲观消沉。

面对崭新的问题，李照森又要从头开始。于是他努力试图寻找新的"亮点"，重新开发出新产品，重新抓管理、抓质量，重新开拓市场。

1994 年，公司又选择了最容易下手的方便面作为突破重点，生产了"三高面"，但又失败了，结果净赔 120 万元。

1994 年 11 月，突破重点又转到婴儿营养品"助哺宝"。但因缺乏资金支付巨额广告费，李照森只能被迫放弃，甘愿认赔。

一次次的失败经历告诉李照森，胡乱出击是行不通的。李照森心想，哪里跌倒就要在哪里爬起来，于是他又想起了虽日落西山却余威不减的

感恩——化作春泥更护花

"太阳锅巴"。李照森觉得，"太阳锅巴"的销售尚未到达周期，是被突然扼杀的，并未走到穷途末路。还有，"太阳锅巴"在北京卖得很火，已经占据了50%的市场份额，华东地区的需求潜力值得进一步挖掘。

1995年年初，经过大手笔的重新策划和包装，公司决定首先拿出200万元打开天津锅巴市场，得手后再开辟上海市场。4月，锅巴在天津卷土重来，正赶上世乒赛的良机，"太阳锅巴"顿时火遍津城。然而好景不长，11月份来临，广告一停，锅巴市场又陷入萧条局面之中。李照森不得不再次暂时放弃。

这几年里，李照森就是这样在开拓—失败—开拓—再失败的磕磕绊绊中走过来的。他从不怨天尤人，也从未想过鸣金收兵。虽然挫折和失败频频向他袭来，但他凭借自己打不垮、捶不烂的坚强意志硬撑了下来，始终勇往直前。这也让他一步一步走向了成熟，提高了企业家必备的素质。

东方不亮西方亮。尽管"太阳锅巴"陷入低谷，但公司的另一产品"八珍牛肉甜辣酱"却销售得相当不错。该产品自1993年开发出来，当年就销售3 000箱，1994年销售20 000箱，1995年销量猛涨到30 000箱。李照森多年积累的经验使他认识到，在甜辣酱上做文章会大有作为，前景十分看好。

李照森认为，应该给"八珍牛肉甜辣酱"换个名字，最后起了一个既有传统文化背景，又有民族特点的"阿香婆"。其中还蕴含着"多年的媳妇熬成婆"的意味。李照森也想借此来喻示自己的创业经历，他这位多年的"媳妇"也快要熬成"婆"了。

"阿香婆"一上市就在京津地区市场畅销起来。很快，"阿香婆"已经打入全国市场，几乎成了家喻户晓、人见人爱、不可多得的美味。1996年1月至7月，公司仍亏损690万元，8月份便扭亏为盈，创利税400万元，9月份创利税近千万元，10月份利税达1 500万元。

"阿香婆"的问世终于让李照森迎来了创业史上的春天，也让他这位屡败屡战、永不服输的商场战将获得了回报与欣慰。

以上这些人都具备的一个共同点是,他们都能坚定地追求自己想要达到的目标,敢于冒风险,不怕失败,善待失败。因为他们都能深刻地认识到:不抱怨,不抛弃,不放弃,战胜困难,下一步定会成功!

心灵悄悄话

　　对于一些人来说。失败意味着完结,但对于那些接受失败和热爱挑战的人来说,失败是一次宝贵的经历,是一次新的开始,是一个达到新高度的跳板。他们甚至不用"失败"这个字眼,而是代之以"失误""受挫"和"新起点"等词汇。

感恩——化作春泥更护花

成功的垫脚石

对于有的人来说，失败是一种考验，是达到成功的必经之路；对于有的人来说，失败是一片巨大的乌云，遮住了太阳，从此再无光明。其实恰恰相反，太阳在高空永远对你微笑，它一律平等相待，不照你过去，只耀你现在。可能你正沉浸在无助的回忆之中，而痛悔自己的过失，认为自己已无药可救，面对失败，自暴自弃，自甘堕落，甚至想结束自己的生命。

失去了星星，我们不能再失去月亮，与其灰心丧气，哀声叹息，为何不重整旗鼓？以往的失败和成功已成为往事，我们虽然对未来无法预料，但我们可以以乐观的态度来面对。年轻是你的资本，失败是你的财富。经历过失败，才能知道成功的伟大；经历过风雨，才能见彩虹。对生活充满憧憬，对自己充满信心，让失败成为我们走向成功的垫脚石。

纵观名人创业史，几乎没有一个不经历挫败就顺利地走向成功的。正因为一次次经历挫败，然后一次次从挫败中汲取有益的东西，他们才最终创造出了惊人的成就。我们这里要讲述的是企业家李宇松的故事。

李宇松生于 1971 年。1989 年，就读于北京化工大学自动化专业；1994 年，到北京恒升行销集团工作，曾任全国市场经理；1995 年开办大连豪仕电子有限公司，任总经理；1996 年，在台湾神脑有限公司任产品经理；1997 年，在四川鼎天科技北京分公司任事业部总经理；1998 年，就职于 TCL 电脑有限公司，历任山西首席代表、总部销售管理中心经理、华东区总监、家用电脑事业部总经理等职；2002 年 8 月，就任江苏宏图三胞科技发展有限公司执行总裁。

李宇松虽然刚刚30出头,却有着丰富的人生经历。从一马平川的顺境到自办企业破产后的痛苦,从行销、生产到卖场型企业主管角色的转换,每一次经历都是他的人生财富。一次次经验的累积,赋予他担负大企业管理重任的知识和能力。

　　大学毕业后,李宇松在一家医疗器械企业工作,本打算当一辈子工程师,谁料命运偏偏要改写他的历史。一次出差路上,老总即兴谈起销售,说把产品卖出去是公司最重要的事,年轻气盛的他于是决定改做销售。凭着善于交际的天赋,初出茅庐的他很快获得价值十多万元的订单,拿到一大笔提成,因业绩突出被提升为销售经理,实现了人生中的第一次飞跃。

　　命运似乎特别眷顾李宇松。后来他转到北京恒升公司,依旧一帆风顺,被分配到门市部做销售。为解决销量不景气的问题,着急上火的老总承诺,谁让销量翻一番,谁就当门市经理。李宇松盘算了一下,另两个老业务员总是悄悄把客户拉到别的门市去做,如果能保住业务不流失,翻一番是很有可能的。于是,他自告奋勇挑起了这副担子,销量如预期那样升了上来。之后,他用了一年时间建立起公司的全国销售体系。

　　随着业务量的增长,他在公司的地位也日益提升,这使他渐渐萌生出自己当老板的想法。1995年,他毅然决定辞职,带着几年的积蓄来到大连办起一家小公司,做起兼容机和DEC机器代销业务。

　　经过半年的苦心经营,李宇松小赚了一笔。为了扩大规模,改善工作环境,李宇松把办公室搬进了豪华写字楼,人力也增加了一倍,想把事业做得更大。谁料结果竟赔了个精光,还欠了一笔债,身无分文的他只得打道回府。

　　创业失败让这位阅历尚浅的年轻人遭受了沉重的打击,不过最后他还是想清楚了:失败只是暂时的,并不代表他永远都将失败。

　　挫败是过分强调个人力量所致,一个好的销售平台是员工们共同打造的,个人的成功离不开平台提供的许多看不见的知识和资源。于是,他很快走出失败的阴影,以饱满的精神状态开始了新的工作。1998年,李

感恩——化作春泥更护花

宇松到 TCL 就职,被委任为山西首席代表。他单枪匹马开车到山西,找到办事处,才发现办公室只是三间租用的民宅。

当时,从家电转向电脑行业的 TCL 正处于转型期,李宇松分析市场后认为:新品牌竞争尚不激烈,有很大的市场空间,如果能把 TCL 的品牌优势充分发挥出来,是完全可以打开市场的。于是,他邀请当地四五十家经销商召开了一个代理商大会。TCL 电脑在山西很快打开了市场,李宇松也因此得到了公司老总的赏识,调到 TCL 电脑总部销售管理中心任经理。

后来李宇松回忆在 TCL 总部的工作经历时说:"TCL 给了我学习机会,通过系统培训,我了解到了企业的整体运营状况,明白了每个环节所扮演的角色,懂得了厂商、代理商和客户之间的关系,这些都为我后来的工作打下了基础。"

而"宏图三胞"新的销售模式使李宇松看到了未来渠道的发展方向。2002 年 8 月,受总裁袁亚非之邀,他就任江苏宏图三胞科技发展有限公司执行总裁。

走马上任后,李宇松首先对内部管理结构进行了调整,在前平台设立了 11 个产品事业部,让每个产品经理管理 1~5 个品牌;让企划部配合产品事业部做好产品规划、市场推广、促销活动和广告宣传工作;技术管理部门负责技术和销售支持、产品检验、大用户方案制订;向上游企业采购、采购计划审核、货物运输、需求信息分析及财务、售后服务等工作,交由后平台负责。至于这么做的好处,李宇松解释说:"宏图三胞经营的产品有上千种,几乎要什么有什么,又不产生大量的库存,这就需要一个井然有序的物流、信息流、资金流管理平台做支撑。其实,内部资源的合理分配、有效利用也能节省开支。比如,打一次广告可以让 14 个卖场共同分享,分摊到每个卖场、每个产品上的费用就很低。"

宏图三胞在开拓卖场的同时,也尝试着做过一些批发,但批发业务开展得不理想,公司准备取消这块业务。可是李宇松认为,卖场型公司如果只专注于零售,等于自动放弃巨大的商用市场。政府采购是重头,必须加强,但批发业务也不能忽视。县、市级市场有大量公司自己无法服务到终端的客户,当地经销商由于远离中心市场,批货能力有限,很难得到最好的服务和价格。采用传统的广开渠道的批发模式,很难处理好卖场与渠道的关系。如果宏图三胞扮演坐商的角色,把卖场仓库作为小经销商的库房,通过媒体传播价格信息,让代理商主动上门批货,这个矛盾就能得到很好的解决。

进军批发领域的工作部署完毕,忙碌了很长时间的李宇松依然丝毫不敢懈怠。他知道,3月份批发业务全面展开后,接踵而来的事情还很多,他正为新一轮的竞争做着准备。

常言道"商场如战场",在商场中摸爬滚打,必须做好迎接挫折和失败的心理准备,并且要善于从挫折与失败中学习,让失败成为走向成功的垫脚石。只有以这种心态在商海中拼搏,才能赢得更多的成功机会。

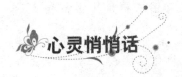

心灵悄悄话

失去了星星,我们不能再失去月亮,与其灰心丧气,哀声叹息,为何不重整旗鼓?以往的失败和成功已成为往事,我们虽然对未来无法预料,但我们可以以乐观的态度来面对。经历过失败,才能知道成功的伟大;经历过风雨,才能见彩虹。对生活充满憧憬,对自己充满信心,让失败成为我们走向成功的垫脚石。

感恩——化作春泥更护花

感恩失败,迎接成功

失败并不可怕,可怕的是我们用失败命定自己,从此一蹶不振。很多人一旦失败,就很难再重新开始自己的选择。他们在原地期期艾艾,怨天尤人,觉得自己再也没有成功的希望了! 人生中的每一个阶段我们都会遇到各种各样的难题,很多时候,并不是失败有多么惨重,并不是客观条件带给我们多大的阻碍,恰恰是我们自己把自己吓倒了;并不是因为事情难我们不敢做,而是因为我们不敢做事情才难的。**我们首先在自己的内心击垮了自己,导致自己再也不敢去尝试、去重新开始!**

失败并不可怕,可怕的是我们沉浸在失败的阴影里无法自拔。我们总是责备自己,并把自责当作我们最好的依赖。这种不自觉的貌似可以凭借的依赖恰恰是我们人生长堤上的蚁穴,只要一点点,就足以毁掉我们的整个人生。**珍惜失败,是让我们用失败激励自己,而绝非用失败击毁自信。只有抛弃过去的种种阴影,我们才能迈开大步向前进。**

他出身很不好,父亲是一个赌徒,母亲是一个酒鬼。父亲赌输了,又打母亲又打他;母亲喝醉了也拿他发泄。他在拳脚交加的家庭暴力中长大,常常是鼻青脸肿,皮开肉绽。因此,他面相很不美,学习也不好。他感觉自己这辈子几乎没有什么指望了,于是高中辍学,便在街头当混混。

当他20岁的时候,一件偶然的事刺激了他,使他醒悟反思:"不能,不能这样做。如果这样下去,和自己的父母岂不是一样一事无成了吗? 成为社会垃圾,人类的渣滓,带给别人、留给自己的都是痛苦。不行,我一定要成功!"他下定决心,要走一条与父母迥然不同的路,活出个人样来。

可是就他那个样子能够做什么呢？他长时间思索着。从政，可能性几乎为零；进大企业去发展，学历和文凭是目前不可逾越的高山；经商，又没有本钱……他想到了当演员——当演员不需要过去的清名，不需要文凭，更不需要本钱，而一旦成功，却可以名利双收。但是他显然不具备做演员的条件，长相就很难使人有信心，又没有接受过任何专业训练，没有经验，也没有任何做演员的天赋。

"一定要成功"成为他的信念。一个人一旦下定了决心去做某件事，他就会排除任何艰难险阻。"一定要成功"的驱动力，促使他认为，这是他今生今世唯一出头的机会，最后的成功可能。"绝不放弃，一定要成功！"这个想法一直在他的心里翻腾，把他的心都要撑炸了！于是，他来到好莱坞，找明星、找导演、找制片人……找一切可能使他成为演员的人，四处哀求："给我一次机会吧，我要当演员，我一定能成功！"很显然，他一次又一次被拒绝了，但他并不气馁，他知道，失败定有原因。他十分珍惜失败带给自己的经验教训，每被拒绝一次，就认真反省、检讨、学习一次。一定要成功，痴心不改，又去找人……这么多的苦难和磨难，使他付出了自己的一切。

时间过得飞快，转眼两年时间过去了，他花完了自己身上的钱，无法生存，于是，他便选择在好莱坞打工，做些粗重的零活；两年来，他遭受到1000多次拒绝。他暗自垂泪，痛哭失声。难道真的没有希望了吗？难道赌徒、酒鬼的儿子就只能做赌徒、酒鬼吗？不行，我一定要成功！他苦思冥想成功的捷径，但是一无所获。最后，他突然想到，既然不能直接成功，能否换一个方法。他想出了一个"迂回前进"的思路：先写剧本，待剧本被导演看中后，再要求当演员。经过两年追求梦想的风风雨雨，他已经具备了足够的经验和良好的性格。他有丰富的经验和素材来编写剧本！

两年多耳濡目染，每一次拒绝都是一次口传心授，一次学习，一次进步。因此，他已经具备了写电影剧本的基础知识。他不断地虚心请教，字斟句酌，花了很多的精力和心血！一年后，剧本写出来了，他又拿去遍访各位导演："这个剧本怎么样，让我当男主角吧！"大部分导演都对他的剧

感恩——化作春泥更护花

本做出了相似的评价:剧本故事内容还可以,但至于让他当男主角,简直是天方夜谭。他再一次被拒绝了。他不断对自己说:

"我一定要成功,也许下一次就行,再下一次、再下一次……"经过了太多的打击和拒绝,他几乎绝望了。可是就在他遭受1 300次拒绝的时候奇迹出现了,一个曾拒绝过他20多次的导演对他说:"我不知道你能否演好,但我被你的精神所感动。我可以给你一次机会,就让你当男主角,看看效果再说。如果效果不好,你便从此断绝这个念头吧!"

为了这一刻,他已经做了三年多的准备,终于可以一试身手。机会来之不易,他不敢有丝毫懈怠,全身心投入。电影《洛奇》的第一部创下了很高的收视率——他成功了!

他就是大家熟悉的史泰龙。

史泰龙的健身教练哥伦布医生这样评价他:"史泰龙每做一件事都百分之百投入。他的意志、恒心与持久力都是令人惊叹的。他是一个行动家。他从来不呆坐着让事情发生——他主动地令事情发生。"如果史泰龙当初只是"想"成功,在茶余饭后做做明星梦,消遣一下,他就绝不会有今天。他经历了那么多的失败和拒绝,但是他却一次次地化失败为成功的动力,坚定自己成功的信念,并最终取得了成功!

心灵悄悄话

失败并不可怕,可怕的是我们沉浸在失败的阴影里无法自拔。我们总是责备自己,并把自责当作我们最好的依赖。这种不自觉的貌似可以凭借的依赖恰恰是我们人生长堤上的蚁穴,只要一点点,就足以毁掉我们的整个人生。

第六篇 感恩挫折

挫折是一块千金难买的炼金石,挫折是一种人生的历练。智慧的积累,能力的提升,意志的磨炼,经验的增长,都需要经历挫折的磨砺。挫折对于弱者是万丈深渊,对于强者却是一笔财富。我们要微笑面对挫折,从挫折中汲取前进的力量,在感恩挫折中谱写壮美的人生篇章。

人生道路,总会与挫折直面,挫折与成功是相伴相随的。有了挫折的磨砺,才能增长能力;有了挫折的磨砺,才能走向成功;有了挫折的磨砺,才能使人生丰富多彩。

挫折并不可怕,挫折是人生的必修课,我们应该正视挫折,感谢挫折。

挫折磨砺人生

一棵树苗经历了风雨的吹打，才能长成参天的大树；一个人经历了挫折的磨炼，才能到达成功的彼岸。

精彩的人生是在挫折中造就的，挫折是一个人的炼金石，很多挫折往往是向好的方向转换的起点。孟子早在两千多年前便说过："**故天将降大任于斯人也，必先苦其心志，劳其筋骨，饿其体肤，空乏其身，行拂乱其所为，所以动心忍性，曾益其所不能。**"可见挫折与成功之间的必然联系，艰苦磨炼造就了人才。只要按照自己的禀赋发展自我，不断地超越心灵的绊马索，就会发现自己生命中的太阳熠熠闪耀！

在困难面前，如果你能在众人都放弃时再多坚持一秒，那么，最后的胜利一定是属于你的。坚定的信念是获取成功的动力。很多的时候，成功都是在最后一刻才蹒跚到来。因此，做任何事情，我们都不应该半途而废，哪怕前行的道路再苦再难，也要坚持下去，这样才不会在自己的人生里留下太多的遗憾。

没有挫折的人生，从某种意义上来说是黯然神伤、无色无味的。有挫折，生活才不会令人感到无聊和厌倦，也能让我们知道，我们到底有多大潜力。

鉴真和尚在传播佛教和盛唐文化上，有很大的历史功绩。但是他刚刚剃度遁入空门时，寺里的住持让他做了寺里谁都不愿做的行脚僧。

有一天，日已三竿了，鉴真依旧大睡不起。住持很奇怪，推开鉴真的房门，见床边堆了一大堆破破烂烂的草鞋。住持叫醒鉴真问："你今天不外出化缘,堆这么一堆破草鞋做什么?"

鉴真打了个哈欠说:"别人一年一双草鞋都穿不破,我刚剃度一年多,就穿烂了这么多的鞋子。"

住持一听立刻明白了,微微一笑,说:"昨天夜里下了一场雨,你随我到寺前的路上走走看吧。"寺前是一座黄土坡,由于刚下过雨,路面泥泞不堪。

住持拍着鉴真的肩膀说:"你是愿意做一天和尚撞一天钟,还是想做一个能光大佛法的名僧呢?"

鉴真不假思索地说:"想做名僧。"

住持捻须一笑,说:"你昨天是否在这条路上走过?"

鉴真说:"当然。"

住持问:"你能找到自己的脚印吗?"

鉴真十分不解地说:"昨天这路又平又硬,小僧哪能找到自己的脚印啊?"

住持又笑了笑,说:"今天我俩在这路上走一遭,你能找到你的脚印吗?"

鉴真回答道:"当然能了。"

住持听了,微笑着拍着鉴真的肩说:"泥泞的路才能留下脚印。"

鉴真恍然大悟。

只有在风雨中走过的人,才能在泥泞中留下自己的印迹,才能证明自己的价值。"宝剑锋从磨砺出,梅花香自苦寒来。"任何一种本领的获得都要经过艰苦的磨炼。

奥斯特洛夫斯基说:"人的生命似洪水在奔腾,不遇着岛屿和暗礁,难以激起美丽的浪花。"对于真正坚强的人来说,任何困难和逆境都会让他们感到拼搏的味道。

命运对奥斯特洛夫斯基是残酷的:他念过三年小学,青春消逝在疾驰

134

的战马与枪林弹雨中。16 岁时，他腹部与头部严重负伤，右眼失明。20 岁时，又因关节硬化而卧床不起。面对着命运的严峻挑战，他深切地感到："在生活中没有比掉队更可怕的事情了。"奥斯特洛夫斯基与命运进行了英勇的抗争：他以顽强的意志读完了函授大学的全部课程，如饥似渴地阅读俄罗斯与世界文学名著。1932 年，他终于完成了《钢铁是怎样炼成的》一书。

世界上没有人是终身一帆风顺的，任何一个人都会遇到挫折，如遇到得不到信任、无端遭受打击和排斥、经济拮据、事业不畅等种种问题。然而，正是这些事情磨砺了他们，让他们变得成熟，最终获得了成功。

心灵悄悄话

在困难面前，如果你能在众人都放弃时再多坚持一秒，那么，最后的胜利一定是属于你的。坚定的信念是获取成功的动力。很多的时候，成功都是在最后一刻才蹒跚到来。因此，做任何事情，我们都不应该半途而废，哪怕前行的道路再苦再难，也要坚持下去，这样才不会在自己的人生里留下太多的遗憾。

挫折是财富

从挫折中吸取教训，是迈向成功的踏脚石。**挫折是一本教科书，教你变得更加坚强，教你不断成长，教你更好地经营人生。**从这个意义上讲，挫折的确是每个人人生中一笔千金难买的财富。

鱼儿游弋于大海，接受惊涛骇浪的洗礼，才有鱼跃龙门的美丽传说；雄鹰翱翔于蓝天，接受风刀雪剑的磨砺，才能拥有叱咤风云的豪迈；人也一样，需要驰骋于荒原，接受荆棘的磨炼，才能造就辉煌的人生。

人生道路，总会与挫折直面，挫折与成功是相伴相随的。**有了挫折的磨砺，才能增长能力；有了挫折的磨砺，才能走向成功；有了挫折的磨砺，才能使人生丰富多彩。**

有责任感的人都会同意"挫折是一笔千金难买的财富"，没有人会不劳而获，在走向成功的道路上，要付出汗水，还要勇敢地面对挫折与失败。

"失败"先生、"平凡"先生跟"成功"先生相比，他们各方面包括年龄、能力、社会背景、国籍等都很可能相同，只有一个例外，就是对遭遇挫折的反应不同。

当"失败"先生跌倒时，就无法爬起来了，他只会躺在地上骂个没完。"平凡"先生会跪在地上，准备伺机逃跑，以免再次受到打击。但是，"成功"先生的反应跟他们不同：他被打倒时，会立即反弹起来，同时会汲取这个宝贵的经验，继续往前冲刺。

哈佛大学的一位教授讲过这样的一件事：

几年前，他给毕业班的一个学生的成绩打了个不及格。这件事对那个学生打击很大,因为他早已做好毕业后的各种计划,现在不得不取消,真的很难堪。他只有两条路可走:第一条路是重修,下年度毕业时才能拿到学位;第二条路是不要学位,一走了之。

在知道自己不及格时,这位学生非常失望,并找这位教授要求通融一下。在知道不能更改后,他大发脾气,向教授发泄了一通。这位教授等待他平静下来后,对他说:"你说的大部分都很对,确实有许多知名人物几乎不知道这一科的内容。你将来很可能不用这门知识就获得成功,你也可能一辈子都用不到这门课程的知识,但是你对这门课的态度却对你大有影响。"

"你是什么意思?"这个学生问道。

教授回答说:"我能不能给你一个建议呢?我知道你相当失望,我了解你的感觉,我也不会怪你。但是请你用积极的态度来面对这件事吧。这一课非常非常重要,如果不由衷地培养积极的心态,根本做不成任何事情。请你记住这个教训,五年以后你就会知道,它是使你收获最大的一个教训。"

后来这个学生又重修了这门功课,而且成绩非常优异。不久,他特地向这位教授致谢,并非常感激那场争论。

"这次不及格真的使我受益无穷,"他说,"看起来可能有点奇怪,我甚至庆幸那次没有通过。因为我经历了挫折,并尝到了成功的滋味。"

从挫折中吸取教训,好好利用,就可以对挫折泰然处之。

我们不要把人生中的挫折推给命运,要仔细研究遭遇挫折的原因,并从中发现要学习和改进的地方还有很多。世界上有无数人,一辈子浑浑噩噩、碌碌无为,他们对自己一直平庸的解释不外乎是"运气不好""命运坎坷"。他们只想得到别人的同情,而没有一点儿主见。由于他们一直想不通这一点,才一直找不到使他们变得更伟大、更坚强的机会。

挫折并不可怕,挫折是人生的必修课,我们应该正视挫折,感谢挫折。挫折使我们明白生命的内涵:正视、不屈、沉着、奋进。

挫折是福，顺境中人们看到的是鲜花和笑脸，然而，习惯于喜悦滋润的心灵往往承受不起打击的负荷。只有迎向挫折，尝遍人间酸甜苦辣，感受世态冷暖炎凉，才能有更多一层对生活的领悟，更了解人生的真谛。

塞翁失马，焉知非福！从某方面说，挫折对我们来说是一件历练意志的好事，唯有挫折与困境才能使一个人变得坚强、变得无敌。挫折可以锻炼我们克服困难的种种能力，森林中的大树，不同暴风骤雨搏击过千百回，树干就不会长得十分结实；人不遭遇种种挫折，其人格、本领就不会走向成熟。一切的磨难、忧苦与悲哀，都足以帮助我们成长，锻炼我们。挫折足以燃起一个人的热情，激起一个人的潜力，从而使我们达到成功。有本领、有骨气的人，能将挫折变成动力，像蚌壳那样，将烦恼的沙砾化成珍珠。

哲学家科林斯说：**"不经历挫折，成功也只能是暂时的表象，只有历经挫折的磨难，成功才能像纯金一样发出光来。"**挫折并不可怕，可怕的是，经历了挫折却不知道总结挫折的教训，暂时的挫折不应该是消沉的原因，而应该是继续奋斗的起点。逃避挫折是解决不了问题的，最好的办法就是与挫折相处，不怕挫折，勇于面对它、接受它，并从挫折中汲取人生的经验和营养，从而使自己在不断经历和克服挫折的过程中成长、壮大，直至走向成功。

 **心灵悄悄话**

挫折是福，顺境中人们看到的是鲜花和笑脸，然而，习惯于喜悦滋润的心灵注注承受不起打击的负荷。只有迎向挫折，尝遍人间酸甜苦辣，感受世态冷暖炎凉，才能有更多一层对生活的领悟，更了解人生的真谛。

挫折成就未来

　　茫茫人海中,我们总希望寻找一份永恒的快乐与幸福。但是,生活并非像我们想象的那样一帆风顺,而是伴随着狂风暴雨、急流险滩,使我们经常饱受挫折的煎熬。

　　挫折就像一只罪恶的手撕扯着我们,企图把我们拉向无底的深渊。在这"万劫不复"的时候,希望和毅力就成为我们心中温暖而灿烂的太阳,无论生活多么艰难,要相信人生总是美好的。无论我们感到多么苦,相信苦后会是甜的。不要惧怕挫折,挫折是成功的法宝,是人生对我们的另一种形式的馈赠。

　　乔伊·巴罗斯本是一个腼腆的少年,不过自从上学以后,他就成了同学们嘲弄的对象。也难怪,放学后,别的 18 岁的男孩子进行篮球、棒球这些男子汉的运动,可乔伊却要去学小提琴! 这是因为 20 世纪初,黑人还很受歧视,他的母亲希望儿子能通过某种特长改变命运,所以从小就送乔伊去学琴。那时候,对于一个普通家庭来说,每周 50 美分的学费是个不小的开销,但老师说乔伊有天赋,乔伊的妈妈觉得为了孩子的将来,省吃俭用也值得。

　　但同学们不明白这些,他们给乔伊取外号叫"娘娘腔"。一天乔伊实在忍无可忍,用小提琴狠狠砸向取笑他的家伙。一片混乱中,只听"咔嚓"一声,小提琴裂成两半儿——这可是妈妈节衣缩食给他买的。泪水在乔伊的眼眶里打转,周围的人一哄而散,边跑边叫:"娘娘腔,拨琴弦的小姑娘……"只有一个同学既没跑,也没笑。他叫瑟斯顿·麦金尼。

别看瑟斯顿长得比同龄人高大魁梧，一脸凶相，其实他是个热心肠的人。虽然还在上学，瑟斯顿已经是底特律"金手套大赛"的冠军了。"你要想办法长出些肌肉来，这样他们才不敢欺负你。"他对沮丧的乔伊说。瑟斯顿不知道，他的这句话不但改变了乔伊的一生，甚至影响了美国一代人的观念。虽然日后瑟斯顿在拳坛没取得什么惊人的成就，但因为这句话，他的名字被载入拳击史册。

当时，瑟斯顿的想法很简单，就是带乔伊去体育馆练拳击。乔伊抱着支离破碎的小提琴跟瑟斯顿来到了体育馆。"我可以先把旧鞋和拳击手套借给你，"瑟斯顿说，"不过，你得先租个衣箱。"租衣箱一周要 50 美分，乔伊口袋里只有妈妈给他这周学琴的 50 美分，不过琴已经坏了，也不可能马上修好，更别说去上课了。乔伊狠狠心租下衣箱，把小提琴放了进去。

开始几天，瑟斯顿只教了乔伊几个简单的动作，让他反复练习。一个星期快结束时，瑟斯顿让乔伊到拳击台上来，试着跟他对打。没想到，才第三个回合，乔伊一个简单的直拳就把"金手套"瑟斯顿击倒了。爬起来后，瑟斯顿的第一句话就是："小子，把你的琴扔了！"

乔伊没有扔掉小提琴，但他发现自己更喜欢拳击，每周 50 美分的小提琴课学费成了拳击课的学费，巴罗斯太太懊恼了一阵后，也只好听之任之。

不久，乔伊开始参加比赛，渐渐崭露头角。为了不让妈妈为他担心，乔伊悄悄地把名字从"乔伊·巴罗斯"改成了"乔·路易斯"。

5 年后，23 岁的乔成为重量级世界拳王，后来成为世界十大拳王之一，可以说是历史上最为成功的重量级拳击运动员。在长达 12 年的时间里，他曾经让 25 名拳手败在自己的拳下。1938 年，他击败了德国拳手施姆林。当时德国在纳粹统治之下，因此乔的胜利意义更加重大，他成了反法西斯者心中的英雄。

在人生的道路上，谁都会遇到这样那样的困难和挫折，就看你能不能战胜它。战胜了，你就是英雄，就是生活的强者，就像拳王一样品尝成功的喜悦。

你看到过宝剑的锋利吗？宝剑的锋利是反复磨砺的结果；你闻到过梅花的香气吗？梅花的清香是经过严冬腊月寒冷的考验才散发出来的。人也是这样，凡在历史上有作为的人物，都是经过困难和挫折磨炼出来的。俄国著名物理学家列别捷夫说得好：**"平静的湖面练不出精悍的水手，安逸的环境造不出时代的伟人。"**

困难和挫折可以把人吓倒，使人唉声叹气，退缩不前；也可使人精神振奋，经受磨炼，增长才干，增强意志。只有面对困难和挫折而毫无惧色的人，才能到达成功的顶峰。日本曾有一名药物专家，为了发明一种专治梅毒的药物，虽然连续经历过 605 次挫折和失败，但他并没有气馁，而是不断总结经验，直到第 606 次才试制成功，因此人们就把这种药物称为"606"。**青少年要想有所成就，一定要有这种不怕失败、不怕挫折、百折不挠的顽强战斗精神。**

当然，认定目标坚持下去、百折不回的精神，与灵活应变、及时调整目标、及时改变行为方向的做法并不矛盾。因为人对自己和外界环境条件的了解有一个过程，当碰到挫折时，经过冷静分析，如果确认原订目标不符合当时的主客观条件，也可以将目标作适当的调整。许多成功人士也不乏这方面的经验。例如，明代著名的医学家李时珍，曾三次考举人，三次失败，后来立志学医，终于写成了流传千古的《本草纲目》。汉代杰出的史学家、文学家司马迁本来是做官的，初任郎中，后继父职任太史令，终因替李陵辩解而得罪了汉武帝，不仅被关入监狱，而且受了宫刑。在这样的挫折和打击下，他转而发愤著书，终于写成了《史记》这部伟大的历史和文学巨著。

在人生道路上，残障青年常会遇到一般人难以体会的困难、挫折和痛苦，在这种情况下，弱者消沉了，只有强者才能挺立。

我国著名科普作家高士其，23 岁因患甲型脑炎留下了严重后遗症，从此全身瘫痪，头部僵直，动作艰难。1978 年，一场大病又彻底破坏了他的说话能力。但他并没有被自己的残障吓倒，他顽强地克服了病残带来的无数困难，坚持用颤抖挛缩的手，忍痛一笔一画地进行写作，终于完成了百余万字的创作。

张海迪的事迹几乎是众所周知的，她由于高位截瘫，丧失了腋部以下的全部肢体的感觉与运动功能，只能坐在轮椅上。但她说："人就像一部机器，残疾人就像部分零件损坏一样，不能因此就把整部机器毁掉，那些能用的部分还是大有价值的。"于是她练习写作、唱歌、学外语，很快地提高了自己的文化知识水平，终于成为世界上唯一的一个高位截瘫坐轮椅的研究生。她不仅攻下硕士课程，还继续攻读博士课程……她受到世界各国邀请去作报告，赢得无数鲜花与掌声，她成功了。

挫折是人生必须经历的阶段。哭是一生，笑也是一生，我们倒不如每天给自己一个希望，给自己一份豁达的心情，勇敢地面对生活中的酸甜苦辣。受挫一次，就会对生活的理解加深一层，对人生的领悟更深一层，还会对成功的内涵理解得更透彻。从这个意义上说，挫折是锻炼意志、增强能力的好机会，不要一经挫折就放弃努力。只要不断尝试，就可能成功，挫折往往是取得成功的法宝。

感恩——化作春泥更护花

心灵悄悄话

挫折就像一只罪恶的手撕扯着我们，企图把我们拉向无底的深渊。在这"万劫不复"的时候，希望和毅力就成为我们心中温暖而灿烂的太阳，无论生活多么艰难，要相信人生总是美好的。无论我们感到多么苦，相信苦后会是甜的。不要惧怕挫折，挫折是成功的法宝，是人生对我们的另一种形式的馈赠。

挫折中蕴藏机遇

俗话说:"失之东隅,收之桑榆。"成功的道路不止一条,如果这扇窗你实在推不开,那么你可能开错了窗。另开一扇窗,你会发现,美丽的世界一样会呈现在你的面前。

只要心中还有一线希望,无论来自外界的不幸是怎样的沉重,无论源于自身的灾难是如何的巨大,脚下总会有一条新的道路。这个世界上,从来没有什么真正的"绝境",快乐和痛苦都是相对的。

无论黑夜多么漫长,朝阳总会冉冉升起;无论风雪怎样肆虐,春风总会缓缓吹拂。对我们来说,当挫折接连不断,失败如影随形时,当命运之门一扇接一扇地关闭时,我们永远也不要怀疑,总有一扇窗会为自己打开。"山重水复疑无路,柳暗花明又一村"。很多时候,当我们因为进退无路而垂头丧气时,却不知道身旁已经有扇窗为自己开启。

麦士是位成功的商人,却不幸患上了白内障,视力严重受损,不要说阅读写作,就连驾车外出都极其困难。与他一同患病的一位病友受不了这种折磨,每天不是喝得酩酊大醉,就是对别人大发雷霆,仅仅过了半年,那位病友便离开了人世。目睹此景,麦士倍感凄凉。因为疾病,他已不得不结束原来的生意,他的生活渐渐困难起来。

在那段举步维艰的日子里,书给了酷爱阅读的麦士很大的慰藉。因为患病,麦士深深体会到视力不良者的不便。经过将近一年的研究,他创造出了麦士字体,不但对视力有障碍的人大有帮助,而且能提高一般人的阅读速度。于是,麦士把自己仅有的 15 000 美元存款从银行里取了出来，把新研究出来的字体整理妥当，全面推广。麦士在加州自设印刷厂，第一部特别印刷而成的书面市了。一个月内，麦士接到了订购70万本的订单……

人生最大的敌人就是自己，只有战胜自己才能面对一切。在任何时候，只要还有努力的机会，我们就要放弃埋怨、放弃悲观，积极地投入拼搏中，因为事情总会有转机的。

很多挫折并不可怕，可怕的是我们先在思想上被打倒。遇到挫折，只有两种结局：要么打倒挫折，要么被挫折打倒，当我们真的跨过去时，我们就会觉得这只是一种经历而已。"塞翁失马，焉知非福"，很多时候，挫折何尝不是一种机遇？就像麦士，如果不是因为眼疾，他也许就不会有这项成就，因为他不会有这种特殊的体验。

的确，挫折的困扰是痛苦的，害怕挫折、回避挫折的心情也是可以理解的。然而，我们绝不能因挫折而颓废，而坚定不移、不屈不挠朝着既定的目标奋勇前进，这样才能最终品尝到苦尽甘来的喜悦。

不经历风雨，怎能见彩虹？挫折是阻挡弱者的大山，却也正是锤炼强者的熔炉。正确地面对挫折，因为挫折有时也是一种机遇，能使我们变得更加坚强，也能使我们的潜能得到更大程度的发挥。

心灵悄悄话

无论黑夜多么漫长，朝阳总会冉冉升起；无论风雪怎样肆虐，春风总会缓缓吹拂。对我们来说，当挫折接连不断、失败如影随形时，当命运之门一扇接一扇地关闭时，我们永远也不要怀疑，总有一扇窗会为自己打开。"山重水复疑无路，柳暗花明又一村"。很多时候，当我们因为进退无路而垂头丧气时，却不知道身旁已经有扇窗为自己开启。

感恩——化作春泥更护花

积极面对挫折

林肯曾经说过：**"很多的不可能只是存在于我们的想象中。"**我们每个人面对挫折和困境的时候，是望而却步还是勇往直前，完全取决于我们对待挫折和困境的态度。好的心态可以让我们在面对挫折和困境时及时走出阴霾，重新拾回往日的自信和风采。

有一位住在美国佛罗里达州的农夫，出巨资买下了一片农场，突然发现自己上当了。这块地坏得既不能种水果，也不能养猪。这里能够生长的只有白杨树和响尾蛇。在一番痛苦和后悔之后，他想出了一个很好的主意，把这块坏地的价值充分利用起来——那些响尾蛇是关键。他的做法让每个人都很吃惊：他从响尾蛇体内取出蛇毒，运送到各大药厂去做蛇毒血清，把响尾蛇的皮以很高的价钱卖给厂商去做鞋子和皮包，把响尾蛇的肉做成蛇肉罐头来卖。由于他独到的眼光和天才般的贡献，他所在的村子后来改名为响尾蛇村。

这位农夫曾经忠告世人："生命中真正重要的是要从你的损失中获利。感恩生活为我们奉献的一切，也正是这一点决定了傻子和聪明人之间的区别。"

道本连自己的名字都不会写，却在大阪的一所中学当了几十年校工。尽管工资不多，但他满足于生活为他安排的一切。就在他快要退休时，新上任的校长以他"连字都不认识却在学校工作，太不可思议了"为由，辞退了他。

　　道本恋恋不舍地离开了校园。像往常一样，他要为自己的晚餐买半磅香肠，但快到食品店门前时，他想起食品店已经关门多日了。不巧的是，附近街区竟然没有第二家香肠店。忽然，一个念头在他脑海里闪过……为什么我不开一家专卖香肠的小店呢？他很快拿出自己仅有的一点积蓄开了一家食品店，专门卖起香肠来。

　　由于灵活多变的经营方式，10年后，道本成了一家熟食加工公司的总裁，其香肠连锁店遍及大阪的大街小巷。当年辞退他的校长已经忘了他是谁，当得知他识字不多时，便十分敬佩地称赞道："道本先生，您没有受过正规的学校教育，却拥有如此成功的事业，实在是太不可思议了。"

　　道本诚恳地回答："真感谢您当初辞退了我，让我摔了跟头，从那以后我才认识到自己还能干更多的事情。否则，我现在肯定还是一位靠一点退休金过日子的校工。"

　　正如道本一样，成功者首先是从挫折和困境中崛起的。**挫折和困境可以锻炼一个人的品格，也可以激发一个人向上发展的勇气和潜力。**在经历挫折和困境时，人被逼得无处可退、无路可走时，往往在最后的时刻想出办法来自救。所以，我们应该感谢挫折和困境，感谢其中所孕育的成功，那就让我们微笑着勇敢去面对挫折和困境吧！

　　挫折和困难并不可怕，可怕的是放弃，等待，慌乱。在挫折来临的时候，不必慌乱，要微笑面对、全力以赴，从能做的做起。同时，以强烈的求新求变意识，摸索、创造对策，在最短的时间内扭转败局，反败为胜。

　　美国的波音公司和欧洲的空中客车公司曾为争夺日本"全日空"的一笔大生意而打得不可开交，双方都想尽各种办法，力求争取到这笔生意。由于两家公司的飞机在技术指标上不相上下，报价也差不多，"全日空"一时拿不定主意。

　　可就在这关键时刻，短短两个月内，世界上就发生了三起波音客机的

感恩——化作春泥更护花

空难事件。一时间，来自四面八方的各种指责都向波音公司汇集而来。

这使得波音公司蒙受了奇耻大辱，产品质量的可靠性也受到了人们的普遍怀疑。这对正与空中客车争夺的那笔买卖来说，无疑是一个丧钟般的信号。许多人都认为，这次波音公司肯定是输定了。但波音公司的董事长威尔逊却并没有为这一系列的事件所击倒。他马上向公司全体员工发出了动员令，号召公司全体上下一齐行动起来，采取紧急的应变措施，力闯难关。

他先是扩大了自己的优惠条件，答应为全日空航空公司提供财务和配件供应方面的便利，同时低价提供飞机的保养和机组人员培训；接着，又针对空中客车飞机的问题采取对策，在原先准备与日本人合作制造 A3 型飞机的基础上，提出了愿和他们合作制造较 A3 型飞机更先进的 767 型机的新建议。空难前，波音原定与日本三菱、川崎和富士三家著名公司合作制造 767 客机的机身。空难后，波音不但加大了给对方的优惠，而且还主动提供了价值五亿美元的订单。通过打外围战，波音公司博取了日本企业界的普遍好感。在这一系列努力的基础上，波音公司终于战胜了对手，与"全日空"签订了高达 10 亿美元的成交合同。这样，波音公司不仅渡过了难关，还为自己开拓了日本这个市场，打了一场反败为胜的漂亮仗。

遇到挫折时，学会微笑面对，不要消极躲避，更不要以硬碰硬。全力以赴，靠你敏捷的思维化险为夷。

1991 年 9 月，名声显赫的台湾×××食品公司发生了中毒案，致使该公司的信誉一落千丈，营业额只有原来的 10%。然而，在类似的情况下，美国一家药品公司却能平安地渡过难关。事情发生之后，该公司迅速采取了周密的应变策略，全力推行挫折管理，制定了"终止死亡、找出原因、解决问题、通告公众"的重要决策。在获悉第一个死亡消息 1 小时内，公司人员立即对这批药品进行化验，结果表明阴性。但他们还是花费大量经费通知 45 万个包括医院、医生、批发商在内的用户，请他们停止出售并立即收回该公司的药品。同时撤销所有的电视广告，把事实真相以及公司所采取的对策迅速向公众告知。公司最终消除了公众的误解，仅仅三个月就恢复了生机。

英国航空公司曾遇到这样一件事：一次，一架由伦敦经纽约、华盛顿飞往迈阿密的英国航班，因机械故障被迫降落后在纽约禁飞。乘客对此极为不满，对英国航空公司怨声载道。该公司立即调度班机，将 63 名旅客送往目的地。当旅客下机时，英航职员向他们呈递了言辞诚恳的致歉信，并为他们办理退款手续。63 名乘客免费搭乘了此班飞机。此举异常高明，尽管英航损失了一大笔钱，但起了力挽狂澜之功效，大大弱化了乘客的不满情绪。英航的这一举措被人们广为流传，英航声誉不仅未受损，反而大大提高，乘客源源不断。

面对挫折和困境，不要惧怕，要学会微笑面对，要学会及时应对，根据不同的情况做出相应的变通，这样才有可能克服困难，通向成功。

心灵悄悄话

挫折和困难并不可怕，可怕的是放弃，等待，慌乱。在挫折来临的时候，不必慌乱，要微笑面对、全力以赴，从能做的做起。同时，以强烈的求新求变意识，摸索、创造对策，在最短的时间内扭转败局，反败为胜。

感恩——化作春泥更护花

把挫折转化为动力

挫折是一种人生的历练，知识的积聚，素质的升华，意志的磨炼。**如果你的人生充满了苦难与悲伤，人生的旅途充满了曲折和坎坷，你依然应该感谢命运，在山重水复的时候，总有柳暗花明的世外桃源在等待你。**

不论你生长在什么样的环境下，只要你拥有不灭的意志、积极的心态，自强不息，付出艰苦的努力，你就会成长为一个勇敢、坚强的人！正如文天祥所说："君子之道所以进者，无法，天行而已矣。"一个自强不息的人，上天都垂青于他。

苏联"火箭之父"齐奥尔科夫斯基 10 岁时，染上了猩红热，持续几天的高烧，引起了严重的并发症，使他几乎完全丧失了听觉，成了半聋。然而，他默默地承受了其他孩子的讥笑和无法继续上学的痛苦，在父亲的帮助下自学了物理、化学、微积分、解析几何等课程。就这样，一个耳聋的人，一个没有受过任何教授指导的人，一个从未进过中学和高等学府的人，由于始终如一地勤奋自学、自强不息，终于成了一个学识渊博的科学家，为火箭技术和星际航行奠定了理论基础。这是何等的毅力！

面对挫折与磨难，我们要敢于拼搏，自强不息。**自强是比朋友、金钱以及各种外界的援助更为可靠的东西。**它能排除阻碍、战胜艰难，能让平凡的人生创造惊人的奇迹！

一位中国留学生刚到澳大利亚的时候，为了寻找一份能够糊口的工作,他骑着一辆自行车沿着环澳公路走了数日,替人放羊、割草、收庄稼、洗碗……只要给口饭吃,他就会全心全意去做。

一天,在唐人街一家餐馆打工的他,看见报纸上刊出了澳洲电讯公司的招聘启事。由于担心自己英语不过关,专业不对口,他就选择了线路监控员的职位去应聘。过五关斩六将,眼看他就要得到那年薪3.5万元的职位了,不想招聘主管却出人意料地问他:"你会开车吗? 你有车吗? 我们这份工作要时常外出,没有车是不行的。"澳大利亚人普遍拥有私家车,无车者寥寥无几,可这位留学生初来乍到连糊口都难以保证,更别谈私家车了。然而为了争取到这个极具诱惑力的工作,他不假思索地回答:"有! 会!""那好!"主管说,"四天后开着你的车来上班。"

四天之内要买车、学车谈何容易,但为了生存,留学生豁出去了。他在华人朋友那里借了500澳元,从旧车市场买了一辆外形难看的"甲壳虫"。第一天,他跟华人朋友学简单的驾驶技术;第二天,他在朋友屋后的那块大草坪上摸索练习;第三天,他驾车歪歪斜斜地开上了公路;第四天,他居然驾车去公司报到了。时至今日,他已是"澳洲电讯"的业务主管了。

这位留学生的专业水平如何我们无从知晓,但没有人不佩服他的胆识和自强不息的精神。如果他当初畏首畏尾地不敢向自己挑战,那他绝不会拥有今天的辉煌成就。那一刻,他毅然决然地斩断了自己的退路,让自己置身于命运的悬崖绝壁之上。正是面临这种后无退路的境地,一个人才会集中精力奋勇向前,从生活中争取到属于自己的位置。

在风平浪静的湖面上驾驶船只,是不需要大量的技巧与丰富的航行经验的。只有在波涛澎湃、浊浪排空的海面上行驶,舵手的航海能力才能被检验出来。

我们不要为经济窘迫、事业惨淡、生活艰难而悲伤叹气,其实这正是我们获得最大长进的时候。不经历风雨,就难以见到美丽的彩虹!

当挫折和磨难降临的时候,我们最好的做法就是自强不息,把挫折转

感恩——化作春泥更护花

化成前进的动力。

有句话说得好:"挫折像弹簧,你弱它就强。"挫折本来无所谓强弱,它就像是一个欺弱怕强的小鬼,你面对它时畏畏缩缩,心惊胆战,它就要跳起来,将千钧重担压在你身上。而当你站到它的上面,反而能借助"挫折弹簧"的弹力,一跃冲天。

在生活与工作中,我们要善于把挫折转变成前进的动力。当我们不断地战胜挫折,并通过它一步步地接近目标,每通过一个关口,都对下一关充满好奇与期盼。下一站,将会有什么样的风景? 这种强烈的好奇与期盼,就是让我们将挫折转变为成功的动力,它会支撑着我们,战胜一个又一个的挫折,直至实现目标。

道理人人都能讲,可是要想将挫折转化为成功的动力。具体应该怎样去操作? 化挫折为成功的动力,方法有多种,生活中有很多成功的例子。

李科,35 岁,职业律师,年收入过百万。曾被某直辖市评为"2005 年十大杰出青年",他因无偿为山区失学儿童打公益官司而声名鹊起,是个真正的青年才俊,事业有成的成功者。

在李科没有成功前,他的家庭环境不好,爸爸早逝,妈妈是农村妇女,没有收入。刚从政法大学毕业时,李科英语成绩未过四级,不能进入大律师事务所工作,只能挂靠在一家小律师事务所,当律师助理。实习一个月,不但没有收入,反而倒贴了 300 多元的车费与饭钱。由于入不敷出,妈妈就背着儿子,托朋友找了一份清洁工工作,来补贴家用。地点就在李科上班的写字楼旁。

一天,李科办完事回家,意外地发现,妈妈正佝偻着身子,在楼道的垃圾桶里翻找东西。李科的眼眶立时就红了,赶紧趁着没人看见,将妈妈劝回家。在李科的坚持下,妈妈再没有去那里打工。

不过从此之后,李科比以往更加努力工作了,利用工余时间,他自修英语,半年后顺利拿到了四级证书。可有人发现:李科每天下班后,仍然坚持要到那个"妈妈掏过的"垃圾桶旁边"罚站"五分钟。

他说,要记住那一次突然看到妈妈时的尴尬与心痛,以此来激励自己,绝对不能再让类似的事情发生。

这样的日子,只持续了一年,李科便成功跳槽到了一家中型律师事务所工作。由于工作努力,李科得到了业界前辈的赏识,事业也慢慢地走上了轨道,才有了后来的成就。

真的猛士,敢于直面惨淡的人生! 将挫折化作行动的推动力,没有什么诀窍,其实就是将挫折当作成功的一部分去看待,在通往成功的道路上,不断地用尴尬的困境来刺激自己。

挫折,是不可逃避的客观事实。每当你需要战胜一个挫折,而因为懒惰、畏惧,不肯前行时,不妨再坚持一步,多想一想战胜那个挫折后,你能得到什么,不能战胜它,你将失去什么。在失与得之间权衡利弊,想清楚每一件事情对自己的意义。这样,挫折就不再是障碍,它就成了一座使你通向成功的桥梁。

正如一首歌中所唱的那样:"不经历风雨,怎么见彩虹?"没有挫折的成功,是不值得庆幸的。所以,请你以愉快的心情,毫无畏惧地去直面挫折吧;以积极的心态去战胜挫折吧。真正悟出"与自己斗,其乐无穷"的道理,这将会使你一生受用无穷!

心灵悄悄话

不论你生长在什么样的环境下,只要你拥有不灭的意志、积极的心态,自强不息,付出艰苦的努力,你就会成长为一个勇敢、坚强的人!正如文天祥所说:"君子之道所以进者,无法,天行而已矣。"一个自强不息的人,上天都垂青于他。

感恩——化作春泥更护花

君子自强不息

"**天行健,君子以自强不息**"。人活着的意义,其实就是征服困难,与痛苦搏斗的过程。

挫折是对你的历练,坎坷是对你的砥砺,苦难是让你成熟的催化剂,曲折是让你奋进的加速器。

在实际生活中,要想渡过人生的危难,战胜人生中的种种挫折,必须从最细小的地方做起,从最卑贱的事情起步。既要有"**不以物喜,不以己悲**"的坦然心情,更要具备"祸福相依"的豁达心态,还要有"**有福不张狂,遇祸不颓废**"的积极态度,这样才能安然度过一生。

人们常常害怕遭遇挫折,认为挫折就是一种重负,让人不堪忍受。下面的故事可能会让你对遭遇挫折有另外一种看法。

传说很久以前,鸟是没有翅膀的。有一天,上帝召集了所有的动物聚在一起吃饭。吃完饭后,上帝取出一对翅膀。

"我有一样东西想要赐给各位,如果你喜欢这件礼物,就可以把它拾起来放在背上。"

一听到有礼物可以领,动物们便争先恐后地挤到了上帝的面前。可是当上帝把礼物拿出来放在地上后,动物们却突然静了下来。大家你看看我,我看看你,谁也没去拾礼物。原来上帝的礼物是一对毛茸茸的翅膀。"谁会背这么重的东西呢? 非得累死不可。"动物们心想,于是又纷纷回到了自己的座位上。

眼看着地上的翅膀孤零零地躺在那里无人理睬,上帝感到有些失望。

这时，一只小鸟走过来，看了看地上的翅膀，心想，这个看起来笨重的东西，或许是一种恩赐。

于是，小鸟就把地上的翅膀捡起来，背在背上。过了一会儿，小鸟轻轻地试着挥动翅膀，没想到不但感觉不到沉重，反而还轻盈地飞上了天。许多动物目睹此景，心中后悔不迭。

别的动物认为会增加负担的东西，反而使小鸟轻盈地飞了起来。正如许多时候表面上看来是打击或是挫折的事情，事实上却给了我们更上一层楼的动力。

一位哲人说过："**成长的过程中，挫折有时也如出色的成功那样忠诚地服务世界。**"在挫折面前，站起来便能成就更好的自己；躺在地上自怨自怜、悲叹不已的人，注定只能继续哭泣。精彩的人生是在挫折中造就的，挫折原本就是人生的原色。一则口香糖广告说："幻灭是成长的开始。"那么挫折就是人类成长不可或缺的元素。

挫折可以使人倒下，也可以使人奋起；挫折可以使人退缩，也可以使人前进；挫折可以使人自暴自弃，也可以使人重整旗鼓；挫折可以使人晕头转向。也可以使人头脑清醒。如果一个人把眼光拘泥于挫折的痛苦中，他就很难再抽出身子想一想下一步如何努力。

生活中，有些人遇到挫折便一蹶不振，有些人遭遇挫折却更加勇敢，前者多半采取的是逃避、畏缩的态度，后者大多是敢于微笑迎接挑战的人。

米契尔是美国的一个百万富翁，一个受欢迎的公众演说家、成功的企业家，并在政坛颇有影响，业余时间喜欢去泛舟、玩跳伞。

让你想不到的是，他却是一个曾经遭受过两次致命挫折的残疾人。

第一次挫折发生在米契尔 46 岁时，由于机车的意外事故，他身上65% 以上的皮肤都被烧坏了，为此，他动了 16 次手术，整个脸部因植皮而变成了一块彩色板。他的手指没有了，双腿特别细小，他无法拿起叉子，无法拨通电话,也无法一个人上厕所。

面对残酷的现实,曾是海军陆战队员的米契尔却不服输,他说:"我完全可以掌握我自己的人生之舟,我也可以把我现在的一切看成人生的起点。"靠着这种顽强的毅力,六个月后,他又把飞机开上了蓝天。

接着,米契尔自己在科罗拉多州买了一幢房子,另外还置办了房产,开了一家酒吧,和朋友合资经营了一家公司。

正在这个时候,一场意外的灾难再次降临,米契尔所驾驶的飞机在起飞时突然冲出跑道,他的脊椎骨被压得粉碎,腰部以下永远瘫痪。米契尔此时几乎绝望了,他对着苍天大喊:"为什么这种事总是发生在我身上?我到底造了什么孽,遭到老天爷的报应?"

坚强的米契尔仍然不屈不挠,后来,他被选为科罗拉多州孤峰顶镇的镇长,还参加了国会议员的竞选。

尽管他的相貌难看,行动不便,米契尔却开始泛舟。他坠入爱河并结了婚,拿到了公共行政硕士学位,并继续他的飞行活动、环保运动及公共演说。

面对成功,米契尔说:"我瘫痪之前可以做一万种事,现在我只能做 9 000 种,我可以把注意力放在我无法再做的 1 000 件事上,或是把目光放在我还能做到的 9 000 件事上。我的人生遭受过两次重大挫折,所以,我只能选择不把挫折拿来当成放弃努力的借口。"

挫折仿佛是一株百年古树被巨斧拦腰砍断,让人触目惊心,又好似一场突如其来的地震、海啸,令人猝不及防。然而,正因为有山石的阻碍,才有潺潺的流水声;正因为有秋霜的锤打,枫叶才会红得那样惹眼;正因为人生有各种挫折,生命的乐章才会如此壮美。

一个拳击运动员说:"当你的左眼被打伤时,右眼还得睁得大大的,才能够看清别人,也才能够有机会还手。如果右眼同时闭上,那么不但右眼也要挨拳,恐怕命都难保。"

挫折在悲观者眼里是灾难,在乐观者眼里是生活的浪漫。成功者和失败者最重要的区别是，失败者总是把挫折当成失败，成功者则是从不言败，在一次又一次的挫折面前，总是对自己说："我不是失败了，而是还没有成功。"

没有人能够逃避命运，也没有人能够逃避挫折。遭遇挫折并不可怕，可怕的是我们在对待挫折上没有一个正确的态度。

我们要学会善待挫折、感谢挫折。因为人生有了挫折，就多了些宁静，少了些喧闹；多了份成熟，少了份幼稚；多了种坚强，少了种懦弱；多了点精彩，少了点平淡。有了挫折我们的人生更显得壮美，我们的生活更加绚丽多彩！

心灵悄悄话

在实际生活中，要想渡过人生的危难，战胜人生中的种种挫折，必须从最细小的地方做起，从最卑贱的事情起步。既要有"不以物喜，不以己悲"的坦然心情，更要具备"祸福相依"的豁达心态，还要有"有福不张狂，遇祸不颓废"的积极态度，这样才能安然度过一生。

第七篇 感恩对手

假如你是一把短刀，对手则像一块磨刀石，能让你在与之抗衡的疼痛中赢得锋利。奋斗途中，不要抱怨你的对手；成功来临时，不要忘记感谢你的对手。因为对手不是敌人，而是你人生路上最好的朋友，正是因为有了对手，我们才变得更加强大。

"一个人的分量和水准有时候需要的是与之相应的对手来表现"，这样的对手，会更加激发自己的潜力，并努力完善自己。

这样的对手如同一块磨刀石，让我们在承受磨砺的痛楚时，也享受着完善自己的快乐。对手因成就了我们的美丽而美丽。

感恩对手

习惯认识中,对手个个面目狰狞,何来美丽?但换个角度看,是对手让你不断磨砺自己,提高自己,最终迎来成功,对手不因此而美丽吗?

贾平凹先生这样说自己:懦弱阻碍了我,懦弱又帮助了我。从小我恨那些能言善辩的人,我不和他们来往。遇到一起,他愈是夸夸其谈,我愈是沉默不语;他愈是表现,我愈是隐蔽。以此抗争,但鬼使神差般,我却总是最后胜利。

一个人用尽全身力气去对付一只蚂蚁,结果只能是得了威望,失了尊严。凡是眼睛总盯在别人身上,喜欢和别人比较,希望从别人的疏忽和失败里找出路的人,多半是不值得过招的弱者。真正的强者会有自己的路和自己的节奏。

其实,凡是对竞技有兴趣的人都有类似的体验——希望看到势均力敌的人之间的恶战。若干年前,泰森复出的那场拳击赛,是很多拳击迷的期待,可结果让他们大失所望,原因很简单,力量对比太悬殊了——第一个回合没完就了结了。打球、下棋都得双方旗鼓相当方可尽兴。大家最愿意看到的是:一场恶斗之后,胜利者跪倒在地上,笑得灿烂极了,直至流下泪来……只有赢了最想赢而又最难赢的人才有这样的享受,也只有来之不易的胜利才可以换来这样的心情。

当年,张爱玲曾这样诠释她和苏青:"同行相妒,似乎是不可避免的,更何况大家又都是女人——所有的女人都是同行。可即使从纯粹自私的观点看来,我也愿意有苏青这么个人存在……只有和苏青相提并论,我是甘心情愿的。"以张爱玲的通透,自然明白要选对的人做对手。

记得很久以前看到过一则笑话，一对政敌在谈判场合相遇，两人因为制定的规则中的两个词语争论不休。其中一个说：我看不出"不幸"和"灾难"究竟有什么实质的区别。另一个说：依我看区别大了，比如，您要是不慎掉到了河里，那是"不幸"；如果有人把您救了起来，那就是"灾难"。很喜欢回答者的智慧和幽默，不由得想，换我是"其中一个"，一定为自己有这样一个高级对手而暗自欣喜。

在职场打拼，有配合得天衣无缝的好搭档固然幸运，可有势均力敌的对手却更为难得。一位成功人士曾在一家外资杂志供职，因为利益，人被分成了两拨儿，各司其主，故不断有对手戏上演，双方经常对彼此的稿子极尽挑剔之能事。后来，他发现正是这种机制成就了他，每每做选题、写文章，都格外精心，结果是杂志质量有了保证。所以，在他看来，**在我们的人生路上，有许多成功是对手给的——因为没有对手的失败，也就无所谓胜利，无所谓成功。**

"一个人的分量和水准有时候需要的是与之相应的对手"，这样的对手，会更加激发自己的潜力，并努力完善自己。这样的对手如同一块磨刀石，让我们在承受磨砺的痛楚时，也享受着完善自己的快乐。对手因成就了我们的美丽而美丽。

心灵悄悄话

一个人用尽全身力气去对付一只蚂蚁，结果只能是得了威望，失了尊严。凡是眼睛总盯在别人身上，喜欢和别人比较，希望从别人的疏忽和失败里找出路的人，多半是不值得过招的弱者。真正的强者会有自己的路和自己的节奏。

感恩——化作春泥更护花

尊重你的好对手

古龙先生说过："一个真正的对手比一个真正的朋友更难寻。"因此，在善待你的朋友的同时，请珍惜你的对手。

是的，一个真正的朋友能抚慰你的心灵，但一个真正的对手更可能让你成就人生的辉煌。在刀光剑影中，你的意志将得到磨炼；在你追我赶中，你的潜能将得到激发；在和对手的较量中，你的思想将得到升华。对手之于人生犹如水之于船，水涨才能船高。

他开小吃店已经三年了，生意说得过去，扣除房租、日常消费以及工资，还是有一些赢利的。他很知足。在这条街上，只有他一家小吃店，这为他的生存奠定了基础，也就是说，相应的风险减轻了许多，比如竞争、排挤和破产。

也就是两个月前，发生了一件事情：这条街头的童装店不做买卖了，紧接着开始转租，一天，装修工人开始施工了。这家竟然也开的是小吃店，和他的小店一模一样，家常便饭，只不过，人家的店面装修得干净、漂亮。他所担心的危机终于来到了，站在马路上，他不时地遥望对方，人家的食客满堂，他的心态极度不平衡，甚至他都想找人去砸对方的店。可最终，他还是控制了自己。

慢慢地他有所转变了，他开始分析彼此的优势：对方的店地理位置好，条件也好，这已是既定事实；而自己的优势在于，有一批老熟客，并且积累了一定的经验。他对店内的布局进行了调整，一些物品进行了更换，这样也令人耳目一新了；他又招聘了一位厨师，带来了新的菜谱。最后，也就是最关键的一点,他决定开始经营早餐了,又带来了新的客源。

就这样,他的经营理念逐渐发展为"你无我有,你有我优",果然取得了成效。早晨他的店独秀一枝,中午和晚上,对方的店人很多,而他的店也不含糊。一个月下来,赢利竟是以前的三倍,创开店最高。他开始庆幸有这么个对手了,正是他的出现,才刺激了他那有点疲惫的神经,结果创造了崭新的辉煌。

在众多武侠小说中,主人公从一"菜鸟"成为大侠,往往是因为对手的不断逼迫。黎巴嫩诗人纪伯伦说:**"只有当你被追逐的时候才最迅速。"**正是因为有了约翰逊等超级对手的存在,刘翔才发挥出巨大的潜能,创造出优异的成绩。

正是有了对手的追赶、逼迫,我们才永不懈怠,奋勇前进。没有这些对手,人们可能安于现状,贪图安逸,渐渐泯没了才华。而有了对手,就会有一种压力,时刻保持警觉,树立起忧患意识,就能激发旺盛的斗志,从而发掘潜能创造佳绩。

因此,在你的成绩里,有对手的一份功劳。**面对对手,要心存感恩,庆幸自己找到了对手,同时也找到了不懈努力的动力。**

环境新闻工作者胡勘平先生在《鹿和狼的故事》中举了一个这样的例子:

20 世纪初,美国总统西奥多·罗斯福想让凯巴伯森林的鹿(当时大约只有 4 000 只)得到有效的保护,繁殖得更多一些,于是宣布将此地划为全国狩猎保护区,并决定由政府雇请猎人去消灭狼。25 年过去了,狼和豹子等"凶残"的动物都所剩无几。鹿当然大量繁殖,很快超过 10 万只,森林中一切能被鹿吃的食物都难逃厄运,生态遭到严重破坏,鹿则面临饥饿和疾病,没过多少年,整个凯巴伯森林中只剩下不到 8 000 只病鹿苟延残喘。

胡先生说,自然界中的各种生物相互制约、相互维系,共同维持着生态的平衡,我们不能一厢情愿地改变它。

我们由此及彼地产生联想,就不难看出,动物如此,人类亦然。

人,是在与对手的竞争中进步的。

据说非洲大草原奥兰治河东岸的羚羊繁殖能力和奔跑速度都远远超过了西岸的羚羊,后来,动物学家们经过实地考察研究,发现东岸的羚羊之所以强健,是因为它们附近生活着一个狼群。西岸羚羊弱小之故,原来是缺少天敌呀!

没有对手的人生,是一种缺憾。金庸塑造的独孤求败大侠无疑是寂寥的,一生苦苦只求一败,像苏东坡说的:"高处不胜寒。"其实,没有对手的英雄也是一种悲哀。瀑布选择深潭作为对手,才创造出"飞流直下三千尺,疑是银河落九天"的美丽壮观;月牙泉选择鸣沙山作为对手,才创造出"沙夹风而飞响,泉映月而无尘"的沙漠奇迹。**海阔凭鱼跃,天高任鸟飞,不要担心对手会掩盖你的光芒,相反,我们会因对手的存在而大放异彩。**

我们应该感到庆幸,庆幸对手曾经让我们跌了一大跤。因为,成功不仅来自自身的努力,也来自对手的激励;若没有重重跌倒过,就不会想要风风光光再站起来。跟逆境干杯,向对手致敬,成功往往就是诞生在这样的时刻。

心灵悄悄话

正是有了对手的追赶、逼迫,我们才永不懈息,奋勇前进。没有这些对手,人们可能安于现状,贪图安逸,渐渐泯没了才华。而有了对手,就会有一种压力,时刻保持警觉,树立起忧患意识,就能激发旺盛的斗志,从而发掘潜能创造佳绩。面对对手,要心存感恩,庆幸自己找到了对手,同时也找到了不懈努力的动力。

没有永远的敌人

相传,挪威人从深海捕捞的沙丁鱼很难活着上岸。后来有一位老渔民在鱼槽里放进了鲇鱼。在鲇鱼的追逐下,沙丁鱼拼命游动,激发了活力,反而活了下来。这就是著名的"鲇鱼效应"的由来。

刘先生的死对头、大学时代的室友近日空降到公司担任总经理,成为他的上司。刘先生在大学期间,一直和这一位室友较劲,小到一场演讲比赛,大到竞选学生会主席,都要争个高下,由于实力相当,棋逢对手,两人一直争到大学毕业,几乎成为仇人。毕业后,刘先生找到比室友更好的工作,自感出了一口恶气,也就渐渐地将室友淡忘。在没有竞争对手的情况下,刘先生渐渐地对自己有所放松,而室友却勤奋工作,在行业里日渐出名。刘先生说:"刚刚毕业那会儿,我不屑于把他当对手,可这几年下来,估计现在他不屑于把我当对手了,不知道这位老同学会不会给我小鞋儿穿。"同事对刘先生说:"你不要担心,因为真正的对手是不会公报私仇的,相反,你应当为现在又有了新的竞争对手,可以重新焕发斗志而庆幸,当然,作为上下级关系的同事,该合作的时候要合作。"

不论你是在商场还是在职场,总会有一些鲇鱼式的人搅得你寝食不安。可是,他们也使得你斗志昂扬,使出全身的力气来迎接挑战。**若干年以后,当你感到自己已经有所进步的时候,你会发现,给你最大动力的不是你的朋友,恰恰有可能是你的竞争对手。**

如果没有对手,你可能会放松自己,这样就慢慢被自己的惰性与安逸消磨掉,加速自身的衰老。看一个人的身价,先看他的对手。一个追求卓越的人,常常把最优秀的人作为比较对象,用与他人的差距来激励自己,从而增强事业发展的动力。即使你永远都不能打败你的对手,也不要沮丧。至少,由于对手的存在,使你变得越来越强大。**从这个意义上来说,竞争对手是你的另一种合作伙伴,只是他给你的不是直接的帮助,而是间接的促进。**

一家投资公司的首席执行官莱德斯通先生说,拥有对手会使我们感到幸福和年轻,竞争对手不是我们的敌人,他们在我们周围只是给我们带来灵感,并促使我们把工作做得更出色。联邦快递总裁的办公室里也挂着一句话:"联邦快递,宅急送离你还有多远?"

要发自内心地感谢对手。如果这个对手曾经使你沮丧不堪,做出过很多令人不齿的行为,是你恨之入骨的仇人,多年以后,当你再次见到他时,你心里肯定对他不屑一顾,甚至还会想到要当面羞辱他一番。不过,你最好不要这样做。因为,辱骂不是战斗。在一些武打片中总会安排两个功夫绝顶的英雄,双方由于立场和利益的不同,拼得你死我活,但是真的在生死关头,却又不忍心下手,害怕没有对手之后,自己的心里会变得空落落的。所以,见到对手的办法是微笑向他打招呼,并在心里感谢他,因为是他让你更加坚强。

21 世纪是竞争与合作共存的年代,人与人之间更多的是在合作中竞争,竞争中合作,要学会宽容。谈判桌上,互不相让,谈判桌下,一起喝茶,给对方一个祝福,期待明天都有更大进步,这是我们对待竞争对手应有的心态。上天总是把等重的人放在天平两边的。所以,我们既不能藐视对手,也不能轻视自己。因为,对手是和我们拥有同样生命重量的人。

在人生的旅途中,我们需要寻找真正的对手。一个和我们势均力敌,还能和我们切磋共进的人,这样的人既是对手也是伙伴。我们呼唤这样的对手,也珍惜这样的对手。在漫长的人生道路上,我们需要找到一个和自己有着共同追求和相同理念的对手。须知对手并不等同于敌人,他也可以成为我们的伙伴。

我们因为有共同的理念而相识，又因为有相同的目标而竞争。如果你的对手品质低下，行为让人不齿，你也不必辱骂，把他当成一面镜子，时时警示自己，学会宽容，学会微笑，因为这样的对手只会让我们做得更好。

心灵悄悄话

看一个人的身价，先看他的对手。一个追求卓越的人，常常把最优秀的人作为比较对象，用与他人的差距来激励自己，从而增强事业发展的动力。即使你永远都不能打败你的对手，也不要沮丧。至少，由于对手的存在，使你变得越来越强大。

感恩——化作春泥更护花

感谢你的对手

想感谢绊倒我的人，因为他强壮了我的双腿；也想感谢鄙视我的人，因为他让我学会自尊；也想感谢批评我的人，因为他让我认识到自身的不足；还想感谢你，我的对手，因为你的紧追、你的认可才有了我的成功。

"对手"，是一个充满火药味的词。但正因为如此，才使比赛精彩。

在一次比赛中，刘翔以 12'88 的成绩创造了男子 110 米栏的纪录，他的光荣、他的成绩离不开紧跟其后的第二名选手的紧逼，赛后两人紧紧拥抱，"飞人"的产生不仅仅只靠自己的技能，有时还来自对手的压力，才使得技能发挥到极限。感谢对手，才使刘翔走向辉煌。

对手有时是一个公正、无私的"裁判"，是为自己成功铺路的人。

在一次乒乓球比赛中，中国选手刘国梁对抗德国骁将波尔。决胜局，刘国梁以 12：13 落后，再失一分就会被淘汰。在此时，刘国梁打出一个擦边球，德国教练准备起身庆祝，波尔示意这是一个擦边球。这样刘国梁奇迹般被拉回比赛，最后反败为胜。对手，往往给自己以机会，不是失误，是人格。对手，给了我们成功的可能。他为成功打开一扇门，为我们的进入而鼓掌。感谢对手是对机遇的感谢，更是对对手人格的赞颂。

对手有时也是冷漠的，但无论冷漠还是热情，对手总以挑战来考验自己，磨炼自己，鼓舞自己。

学习中，生活中，总有这样那样的对手，给我们压力，给我们挑战。成功时，对手给我们掌声，失败时，也能听到他们鼓励的话语或得到他们温暖的拥抱。我们应该感谢对手，感谢他们。

对手不是我们的敌人，而是除父母老师朋友之外我们还应该感谢的人,感谢对手,是他们让我认清我们的敌人永远只有自己;是他们让我立志刻苦学习,努力奋斗;是他们让自己心中准备战斗的弦紧绷,同样是他们让自己勇敢、坚强地面对人生的坎坷。感谢对手,感谢你们。

感谢对手,让战场赛场也充满温馨,充满人性的光辉。**一个人、一个团体、一个组织,如果没有了对手,一定会走向怠惰和没落。**对手是值得我们感谢的人,他的压力,让我们把自身的技能发挥到极限;他的存在,给了我们成功的可能;他的人格,给了我们公平竞争的机会;他的掌声,给了我们成功的快乐;他的拥抱,给了我们失败后的安慰。

除父母老师朋友之外,我们还应该感谢对手。正是由于对手,才使我们认识到自己的不足,才使我们认识到要发展自我,才使我们认识到骄傲就会落后。

对手就犹如一面铜镜,能照出你自己的特征,也能激励我们去不断学习、不断发展。让我们用感恩的心去看待对手吧!

"一匹马如果没有另一匹马紧紧追赶并要超过它,就永远不会疾驰飞奔。"这是拿破仑曾说过的一句话。的确,别人跟得快,我们才会跑得更快。其实,我们也正是在与对手的交往中逐步成长起来的。没有对手的相伴,我们将缺少危机意识;没有对手的拼搏,我们将难以激发起旺盛的斗志;没有对手的提醒,我们常常会丧失进取之心。**感恩对手,是他的存在让我们的人生拒绝了平庸。**

每个人的一生都不会是一帆风顺的。在漫长的旅程中,难免会遇到坎坷挫折。每当这时,我们常常想到的是对手如何如何,把不顺利的原因推向对方。可是,你是否想过?正因为对手的成熟,才突出了你的幼稚;正因为对手的强大,才突出了你的弱小;正因为对手前进,才突出了你的止步不前。感恩对手,因为他的存在让我们看到了自身的不足。

行走人生,我们不能缺少对手。

有一个访谈节目采访奥运冠军刘翔,当主持人问他取得好成绩的奥秘时,他说:**"我把以前的奥运冠军当作我的对手,把他们当作我追赶的目标。我不断地告诉自己要赶上他们,要超过他们。"**是的,正是因为有

感恩——化作春泥更护花

约翰逊等超级对手的存在,正是因为有这种重视对手、追赶对手的精神的存在,才使得刘翔的人生与众不同,体现出别样的精彩。感恩对手,因为他的存在让我们看到了自己奋斗的目标。

或许总有个人在你的生活中与你竞争,让你因毫厘之差而与幸福失之交臂。或许总有个人在学习中与你竞争,就因那一分之差将你拦在"第一"的门口。

似乎总有个人与你争抢,令你惶惑,令你不安,他便是你的对手,一个令你伤心令你激愤而又不得不竭尽心智和勇气面对的人。是他夺走了你身边的幸福,是他让你不断品尝失败与挫折的痛苦,是他破坏了你原本宁静安逸的生活。

可当你静下心细想时才发现,原来你的对手并不是那么可恶,因为当你慵懒地将自己搁置于安逸的温室时,你就会想到你的对手正在鼓动着前进的双翼,这迫使你不得不走出温室,接受日晒雨淋的考验;当你萎靡不振、心灰意冷的时候,是你的对手唤醒了你那酣睡不醒的心灵,使你有了搏斗的意识,不再沉迷。

有一个美国小女孩,由于是黑种人,到处受到白人的排斥,这让她倍感耻辱。自尊心很强的她立志有一天要在白人面前找回黑人的尊严,因为她知道黑人并不比白人差。从此她以八倍的辛苦数十年如一日地发愤学习,积累知识,增长才干。普通美国白人只会讲英语,她则除母语外还精通俄语、法语、西班牙语;普通美国白人 26 岁可能研究生还没有读完,她已是斯坦福大学最年轻的教授,随后又出任斯坦福大学历史上最年轻的教务长。天道酬勤,"八倍辛苦"换来了"八倍成就",她终于脱颖而出,一飞冲天。她就是后来的美国国务卿:赖斯。

为什么赖斯可以超越白人获得如此大的成功?那是因为她把对手作为自己前进的动力,在战胜对手时不断强壮自己,锤炼自己。

感谢你,对手! 因为是你让我明白了:不管人生的航程是否有风浪,我必须得先打点好自己的意志行囊,才能抵达幸福的彼岸,才能步入胜利的殿堂。

在中国的彩卷市场上,乐凯和富士、柯达斗得难解难分。作为我国唯一的彩卷生产厂商,面对具有强大技术和资金优势的柯达和富士的双面夹击,乐凯不仅没有灭亡,反而在它们的夹缝之中得以生存并不断壮大。乐凯公司的总经理杜昌焘在接受媒体采访时说:"我应该感谢我的竞争对手。"

的确,乐凯从一个生产电影胶片的小厂发展成为一个世界性的彩卷生产厂商,经历了一个从无到有、从弱到强的发展过程。1995 年,柯达想在中国收购乐凯,而乐凯则拒绝了柯达的"好意"。柯达事后扬言要用 5 年的时间完全吞并乐凯。乐凯人时时牢记这句话,一种无形的危机力量鞭策着乐凯人。7 年过去了,乐凯已经和柯达、富士形成三足鼎立之势,非但没有被吞并,反而日益强大。杜昌焘说:"我们在竞争之中获得了不少,我们在技术和服务上都上了一个台阶,这些都是柯达和富士的额外'恩赐'。"

其实,正如乐凯一样,我们每一个人都面临着众多对手的竞争,有学习上的,有工作上的,有生活上的,但不管是哪一种竞争对手,我们没有理由不去正视并以此作为鞭策自己前行的力量。

一个善于竞争的人总喜欢与高手过招,在与对手的较量之中不断充实和提高自己,遇强则强,遇刚则刚。一个害怕竞争或者没有勇气竞争的人只能在畏缩和放弃中沉沦。

竞争是铁的法则,有时与对手的竞争就是一个弱肉强食的过程,异常的惨烈。我们的竞争对手之所以能威胁到我们的生存和发展,根本原因就在于他们有着我们还没有的某些长处。作为一个精明和细心的竞争者,没有理由不在挖掘自己潜力的基础之上,取人之长,补己之短。

就如乐凯一样,通过细心的观察和了解,也学会了像柯达一样在全国

感恩——化作春泥更护花

开设冲洗连锁超市,并以每天开三家的速度迅速在全国拓展服务网络,这正是乐凯的精明之处,也是竞争生存之道。

中国有句成语叫作"棋逢对手",这正是每一个棋坛高手所追求的,能遇上几个与自己斗个天昏地暗的人,是一生之大幸。每个人都一样,在有了对手竞争的情况下,总有无形的力量鞭策着自己。如果我们没有了对手,没有了危机意识,就会多了几许失落和惆怅,选择的也许是一种没落。很难想象乐凯在没有柯达和富士这样的竞争对手的情况之下,会有像今天这样的发展。

对手,是我们一生之中不可多得的宝贵财富。当然,我们必须是一个会向对手学习的人,从对手那里学习我们所没有的,而不是一个向对手妥协的人,这样才能真正以彼为师,在竞争之中完善自己。因此,当我们回首我们的发展历程,看看我们所取得的自己原本不敢奢想的成就时,又怎能不去感谢我们的对手呢?

劲草感恩疾风,是因为疾风赋予了它更加顽强的生命力;落花感恩流水,是因为流水让它看到了更加美丽的大千世界;我们感恩对手,是因为对手锻炼了我们坚强的毅力与不懈的精神,帮助我们跨向成功的彼岸。

人,都有一种与生俱来的惰性,只有克服这种惰性,人们才能获得成功。那么是谁帮助我们克服了它? 又是谁帮助我们走向成功的彼岸呢? 是的,正是我们的对手——无时无刻不在威胁着我们的对手。或许每个人都不希望有一个强大的对手,但是每个人却又不得不拥有一个强大的对手。

就好似疾风才能知劲草,我们也需要对手来磨砺我们的意志,锻造我们的精神。要知道:苦难是良师,逆境出人才。

生活中,我们有对手;学习上,我们有对手;工作中,我们也有对手。对手无时无刻不在威胁着我们,对手也无时无刻不在激励着我们,激起我们拼搏的斗志,扬起我们创新的风帆。其实对手给予我们的,还有更多……

因为有对手,我们才会睿智;因为有对手,我们才会拼搏;因为有对手,我们才会走向成功。是对手,磨砺了我们的意志;是对手,为我们的生活增色添彩;也只有对手,才能将原本是璞玉的我们雕琢成美玉。感谢你,我的对手!

心灵悄悄话

　　对手有时也是冷漠的,但无论冷漠还是热情,对手总以挑战来考验自己,磨炼自己,鼓舞自己。学习中,生活中,总有这样那样的对手,给我们压力,给我们挑战。成功时,对手给我们掌声,失败时,也能听到他们鼓励的话语或得到他们温暖的拥抱。我们应该感谢对手,感谢他们。

感恩——化作春泥更护花

对手也能变朋友

有这么一则小故事:

一个牧场主养了许多羊。他的邻居是个猎户,院子里养了一群凶猛的猎狗。这些猎狗经常跳过栅栏,袭击牧场里的小羊羔。牧场主几次请猎户把狗关好,但猎户不以为然,口头上答应,可没过几天,他家的猎狗又跳进牧场横冲直撞,咬伤了好几只小羊。

忍无可忍的牧场主找镇上的法官评理。听了他的控诉,明理的法官说:"我可以处罚那个猎户,也可以发布法令让他把狗锁起来。但这样一来你就失去了一个朋友,多了一个敌人。你是愿意和敌人做邻居呢,还是和朋友做邻居?"

"当然是和朋友做邻居。"牧场主说。

"那好,我给你出个主意,按我说的去做,不但可以保证你的羊群不再受骚扰,还会为你赢得一个友好的邻居。"法官如此这般交代一番,牧场主连连称是。

一到家,牧场主就按法官说的挑选了三只最可爱的小羊羔,送给猎户的三个儿子。看到洁白温顺的小羊,孩子们如获至宝,每天放学都要在院子里和小羊羔玩耍嬉戏。因为怕猎狗伤害到儿子们的小羊,猎户做了个大铁笼,把狗结结实实地锁了起来。从此,牧场主的羊群再也没有受到骚扰。

为了答谢牧场主的好意,猎户开始送各种野味给他,牧场主也不时用羊肉和奶酪回赠猎户。渐渐地两人成了好朋友。

173

俗话说:"商场如战场,不是你死就是我活!"但21世纪的今天,现代商人用他们的智慧为这句古语作出全新的诠释:将对手变成朋友!

美国著名的 Real Networks 公司曾经向美国联邦法院提起诉讼,指控比尔·盖茨的微软公司违反了反垄断法,并要求其赔偿10亿美元。但是,在官司还没有结束的情况下,Real Networks 公司的首席执行官格拉塞却致电比尔·盖茨,希望能得到微软的技术支持,以使自己公司的音乐文件能够在网络和便携设备上顺畅地播放。几乎所有的人都认为比尔·盖茨一定会毫不犹豫地拒绝他的请求,但出人意料的是,比尔·盖茨对他的提议表现出出奇的欢迎,他通过微软的发言人表示,如果对方真的想要整合软件的话,他将很有兴趣。

大家都知道,微软和苹果两大公司自20世纪80年代起就一直处于势不两立的敌对状态,乔布斯和比尔·盖茨为争夺个人计算机这一新兴市场的控制权展开了极其激烈的竞争。到了20世纪90年代中期,微软公司明显占据了领先优势,已经占领了约90%的市场份额,而苹果公司则举步维艰。但让所有人大跌眼镜的是,1997年,微软向苹果公司投资1.5亿美元,把苹果公司从倒闭的边缘拉了回来。2000年,微软为苹果推出 Office 2001。自此,微软与苹果真正实现双赢。

面对对手的时候,一定要做到不屈不挠,咬紧牙关,迎面而上,绝不退缩——这似乎是共识。但明智的比尔·盖茨选择了另一种方式:**站到对手的身边,把敌人变成自己的朋友。**

这两件常人觉得不可理解的事都发生在比尔·盖茨身上,这绝对不仅仅是一个巧合。比尔·盖茨的成功有很多因素,包括他对商机的把握和他天才的设计能力,但其中还包括他对对手所采取的态度。

当你决定不惜一切打败对手的时候,对手也想着用各种办法来打败你。他既然能成为你的对手,就一定跟你实力相当。退一步来说,就算你

感恩——化作春泥更护花

历尽艰辛终于将他打败,可是谁能保证某天他不会东山再起?到时候你又要耗费精神,积极备战。

因此,对于这种情况,最好的办法不是打败对手,而是像比尔·盖茨那样,借施恩之势友好地站到对手的身边去,把他变成自己的朋友,实现双赢。

这不禁让人联想到一个关于约翰·列侬的故事:

1957 年,约翰·列侬还是一个默默无闻的普通人。他在一次小型演出中认识了年仅 15 岁的保罗·麦卡特尼。演出结束后,保罗批评约翰唱得不对,吉他也弹得不好,对此,约翰十分不服气。于是,保罗用左手轻松地弹了一曲吉他,向约翰展示了他的才华,而且他能一句不错地记住所有的歌词,这让约翰大为惊讶。约翰想,与其让这小子成为自己将来的敌人,还不如现在就邀他入团。就在这天,20 世纪最成功的音乐搭档诞生了,约翰和保罗携手合作,组建了"甲壳虫"乐队。这支乐队后来风靡全球,成为迄今为止历史上影响最为深远的乐队。

在这件事上,列侬比比尔·盖茨更有远见:在对手还未成为敌人之前,快步上前,站到他的身边,把他变成自己的朋友。

心灵悄悄话

当你决定不惜一切打败对手的时候,对手也想着用各种办法来打败你。他既然能成为你的对手,就一定跟你实力相当。退一步来说,就算你历尽艰辛终于将他打败,可是谁能保证某天他不会东山再起?到时候你又要耗费精神,积极备战。因此,对于这种情况,最好的办法不是打败对手,而是借施恩之势友好地站到对手的身边去,把他变成自己的朋友,实现双赢。

与对手一起进步

鲨鱼是几乎没有进化的极个别物种之一。几千万年来,物是人非,沧桑巨变,鲨鱼却始终保持着它"创世"之初的形象。

这里面唯一的原因就是:鲨鱼没有竞争对手,它位于大海中食物链金字塔的顶端。因此,它用不着费心去应付"适者生存"的环境,小心翼翼地改进自己的功能。而在澳洲,羊群由于生活安逸,没有天敌,致使澳洲羊群长期萎靡不振,后来澳洲人从外地引入了狼群。狼的出现,给羊群带来了生存危机,这反而促进了羊群健康发展。

有了对手,我们才会一起进步。在学习中,在工作中,遇到困难是必然的,困难就是我们的对手。真正让你成功的,也许就是与你竞争的对手。寻找对手,展开竞争,取得进步,再找对手,再竞争,再进步,正是这样不断循环往复,我们才从一个进步走向另一个进步。

生活中出现竞争对手,让你经历挫折磨难,这并不是坏事,因为有时正是由于对手才让你不断进步,最终走向成功。

1996 年世界爱鸟日这一天,芬兰维多利亚国家公园应广大市民的要求,放飞了一只在笼子里关了四年的秃鹰。三天后,当那些爱鸟者们还在为自己的善举津津乐道时,一位游客在距公园不远处的一片小树林里发现了这只秃鹰的尸体。解剖后发现,这只秃鹰死于饥饿。

秃鹰本来是一种十分凶悍的鸟,甚至可与美洲豹争食。然而它由于在笼子里关得太久,远离天敌,结果失去了生存的能力。

生活中有各种各样的笼子,不少人的处境和那只笼子里的秃鹰差不了多少。虽然它能让人暂时乐而忘忧、流连忘返,但毕竟是笼子。可以设想,最后的结局会和那只秃鹰没有什么两样。

生活中出现几个竞争对手、一些压力或一些磨难,并不是坏事。一份研究资料说,一年中不患一次感冒的人,得癌症的概率是经常患感冒者的6倍。至于俗语"蚌病生珠"则更说明问题,一粒沙子嵌入蚌的体内后,它将分泌出一种物质来疗伤,时间长了,便会形成一颗晶莹的珍珠。

海湾战争之后,美国军方提出了战争状态下士兵的"生存能力"比"作战能力"更为重要的全新理念。于是一种被称为"艾布拉姆"式的MIA2型坦克开始陆续装备美陆军,这种坦克的防护装甲目前是世界上最坚固的,它可以承受时速超过4 500千米、单位破坏力超过1.35万千克的打击力量,而这种力量被美武器专家形容为"可以轻易地将一只球棒送上月球"。那么,MIA2型坦克这种品质优异的防护装甲是如何研制出来的呢?

乔治·巴顿中校是美国陆军最优秀的坦克防护装甲专家之一,他接受研制M1A2型坦克装甲的任务后,立即找来了一位老"冤家"做搭档——一毕业于麻省理工学院的著名破坏力专家迈克·马茨工程师。两人各带一个研究小组开始工作,所不同的是,巴顿带的是研制小组,负责研制防护装甲;迈克·马茨带的则是破坏小组,专门负责摧毁巴顿已研制出来的防护装甲。

刚开始的时候,马茨总是能轻而易举地将巴顿研制的新型装甲炸个稀巴烂,但随着时间的推移,巴顿一次次地更换材料、修改设计方案,终于有一天,马茨使尽浑身解数也未能奏效。于是,世界上最坚固的坦克在这种近乎疯狂的"破坏"与"反破坏"试验中诞生了,巴顿与马茨这两个技术上的"冤家"也因此而同时荣获了紫心勋章。

巴顿中校事后说:"事实上,问题是不可怕的,可怕的是不知道问题出在哪里,于是我们英明地决定'请'马茨做欢喜冤家,尽可能地激他帮我们找到问题,从而更好地解决问题,这方面他真是很棒,帮了我们大忙。"

因为有"冤家"做搭档,乔治·巴顿中校研制出了世界上最坚固的坦克。

读了这个事例,我们就会明白对手的作用:他们特别关注我们的缺点和错误。其实,这对我们来说不是坏事。因为有对手,我们的耳边就会时时有批评声,从而使我们知道自己还有不足,还有问题,还有不尽如人意之处,便不会盲目乐观,不会满足现状。**而对手的批评,就像皮鞭一样,一次次抽打在我们身上,鞭策我们加倍努力,拼命向前,继而创造出非凡的业绩。**相反,那些愿意听好话、愿意听赞歌、过度追求喝彩的人,往往会害了自己。巴顿的这一段经验之谈是放之四海而皆准的——不管是干大事业,还是做小事情,找个优秀的对手,与之较量,在较量中一同成长进步,一定会取得意想不到的绝佳效果,与对手一起进步实在是明智之举。

真正认识你的人,除了你的朋友外,还有你的对手。所以,要重视你的对手,因为他最早发现你的过失;要感谢你的对手,因为他使你强大起来。

对手对于我们每个人来说,永远都是与我们对立的,好像是我们前进路上的绊脚石,是我们赛车路上的弯道,是我们达到胜利彼岸的旋涡,是我们翱翔天空的恶劣天气。因此,大多数人用敌视的态度对待对手,没有好脾气,这只能说明自己的浮躁与狭隘。

对手给自己压力,也给自己动力,而且往往是对手给自己的压力越大,由此而激发出的动力就越强。**对手之间,是一种对立,也是一种统一,相互排斥又相互依存,相互压制又相互刺激。**尤其是在竞技场上,没有了对手,也就没有了活力。人都渴望成功,但是成功并不是一朝一夕的,它需要勇于探索的精神,需要坚定不移的决心,需要有创新的思维,需要有敏锐的判断力、观察力,需要有远见,而不是只顾眼前,只看到眼前的一点微利。是的,不管是学习、工作、生活还是爱情,谁都可能遇到对手,谁都

感恩——化作春泥更护花

盼望超过对手。但无论成功还是失败,都不要忘了感谢你的对手,因为是他和你一起追逐,一起攀登,一起较量,一起腾飞。

一位成功人士说:"同我们角斗的对手强健了我们的筋骨,磨炼了我们的技巧,我们的对手就是我们的帮手。"正是有了强劲的对手,生活才不会显得平淡无奇;正是有了对手,生活才充满挑战性;正是有了强大的对手,才让自己变得强大。对手就像一面明镜,能够照出自己,看到对手,就会反观自己是不堪一击还是坚不可摧。

"狭路相逢勇者胜",碰到对手只有认真对待,不断改进自我,迎难而上,才会把自己的潜力发挥到极致。

要勇于面对对手,不能埋怨也不能逃避,更不要伺机报复。如果埋怨对手,只能在喟叹中丧失斗志,永远不会有精彩的人生;如果逃避对手,就失去了一次取胜的机会,永远没有翻盘的本钱;如果伺机报复对手,显示的只能是自己的狭隘与无能,为世人所不齿。韩信能忍胯下之辱,后来反而把辱己之人作为护卫将军留在身边,可见其胸怀博大。

感谢对手,对手让我们更成熟,明白自己要做什么,不只是做事,更要知道怎么去做人。

感谢对手,对手让我们学会了思考,更加清楚地认识自己的优点和不足,认识身边的每个朋友。

感谢对手,让我们明白了强者为王,从而更加勤奋,更加努力地生活,成功是我们追求的目标。

对手是导师,他教会你做生意的全部诀窍。当竞争对手殚精竭虑地思考着如何赢得顾客时,你便知道自己该如何去做。

对手是助推器,他迫使你进步。竞争对手每天都在思考如何战胜你,你不想被打败,就必须不断进步。

对手是面镜子,他毫不留情地指出并利用你的缺点加以进攻,这就帮助你改正缺点,完善自我。

对手是座警钟,他时时刻刻在提醒你:无论你取得多大的进步,都绝不能自满。

感谢对手是一种度量,让自己更加自信;感谢对手是一种洒脱,肯定对方,同时也显示自己的高贵;感谢对手是一道风景,让人生充满挑战。感谢对手成就的是自己,感谢对手展现的是魅力,感谢对手其实就是一种成熟。人们都是在感谢对手中成长,在感谢对手中强大。

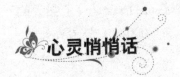

心灵悄悄话

有了对手,我们才会一起进步。在学习中,在工作中,遇到困难是必然的,困难就是我们的对手。真正让你成功的,也许就是与你竞争的对手。寻找对手,展开竞争,取得进步,再找对手,再竞争,再进步,正是这样不断循环往复,我们才从一个进步走向另一个进步。

感恩——化作春泥更护花

第八篇　感恩集体

　　每一个人都要生活在集体之中，无论是学习、工作、生活、娱乐，都离不开与他人的接触与合作。个人与集体，就像鱼儿离不开水，鸟儿离不开林一样。

　　一滴水珠，只有加入大海，才能发出欢快的歌唱；一粒石子，唯有同若干弟兄相互扭结，才能站成巍峨的山峰；一棵小树，只有和同伴们肩并肩地站在一道，才能组成森林，抗击那肆虐的风暴。任何孤立的个体都是渺小的，而万千个体的组合，则是不可摧毁的力量。一个人只有投入集体之中，才会有无穷的力量；一个人只有融入集体之中，才能和集体和谐发展。

个人与集体

我们的日常学习、生活都离不开集体。

什么是集体呢？集体是许多人合起来的有组织的整体，跟"个人"相对。比如：一个公司的人综合在一起成为集体，集体表现为多数人在一起工作，互相合作。**因为人是社会的人，人必须在集体中生存和发展。**应当适当限制人性中的某些恶，比如限制欲望的极度发挥，因为那会对集体利益造成不良的影响。换句话说，就是个人在行使自己的权利的时候应当顾及某些集体的规则，比如法律等。

管理心理学认为，集体是群体发展的最高层次，它不同于一般群体。集体的特点在于，其成员之间不仅有着共同的目标、共同的利益和共同的活动，而且彼此之间联系密切，具有鲜明的组织任务，成员不仅要认识到群体活动中个人和本群体的利益，而且要认识到对组织、对整个社会的意义。**在集体中，成员之间彼此建立稳定、合作和相互友爱的关系。**例如，学校的班级，部队的班、排、连队，工厂的车间、班组等都是集体。

乒乓球运动单兵作战，是一个体现个人英雄主义的绝好项目。亿万观众盯住一张球台，场上银球翻滚，穿梭往来；双方斗智斗勇，变幻莫测，胜负很难预料，的确魅力无穷。

同时，乒乓球又是一个集体项目，场上每盘比赛，每分的争夺，均关系到全队的输赢。正因为这种个人与集体的高度统一，才使得每场比赛扣人心弦、魅力四射。反过来，试想两个人的一场普普通通的对抗，怎么可能令万众瞩目？所以个人英雄主义与集体荣誉的有机结合，在乒乓项目中体现得淋漓尽致。

人们还记得第 43 届世乒赛团体赛时,丁松对卡尔松的那场球,丁松场上将球艺发挥到极致,台上观众欢声如潮,鼓号震天。这场球的获胜,人们将丁松视为扭转乾坤的英雄,也正因为他在中国乒乓球队久违斯韦思林杯后关键比赛中的出色发挥,才能赢得这种赞誉。所以个人荣誉永远离不开集体荣誉这个大舞台,离开了它,就会黯然失色,失去它的光环。我们的乒乓健儿,之所以得到国人的爱戴和推崇,就因为他们为国争了光,为民族争了气。

2010 年 3 月 20 日,12 位中国女排的队员和几位教练、领队悄悄聚到深圳。虽然名为"队内总结会",但大家都清楚,这将是这个集体最后一次以中国女排的名义聚会了。在即将到来的春天,新一届中国女排组建的时候,必将有一些人离开这个共同战斗、生活过的集体。

告别总是伤感的,在球场上被人称为"假小子"的张萍也是话未出口便泪如泉涌,泪水也无法将心底最难舍弃的依恋完全表达出来。就让我们一起听听女排姑娘们在分别时的真情告白,无论新的一届中国女排谁将留下、谁将离开,我们都要祝福她们在未来的道路上一路平安。

周苏红:有幸在这么好的集体当中,有这么好的教练班子,这么好的队友。我们是靠集体的力量拿到了冠军,依靠集体才走到今天,这些日子我一辈子都不会忘怀。

杨昊:自从打排球起就没想过能进国家队,没想过 2003 年、2004 年得了两个冠军。2002 年虽然世锦赛失利了,但经验是宝贵的。所以后来大家经过共同努力拿了冠军,非常高兴。

冯坤:这 4 年的经历每个人都会很感动也很激动。从 2001 年走过来,当时大家都承受着压力,心里都不一定有底,信心也不是很足。虽然 2001 年的感受是困难,但是我心中的目标一直没变,那就是要站在最高领奖台上。无法想象 2001 年时的痛苦和困难,但是拿到冠军那一刻是幸福和欣慰的。我们大家在一起就是一种缘分。我会永远记住这一刻,珍惜大家在一起的时光。

刘亚男：开始打排球时既没想到能进国家队，也没想到能拿冠军，真是几百万个没想到。能到这个光荣集体，一开始还是比较顺利，但2002年受伤病的困扰，我一度有些叛逆，也产生过不想干的思想。是这个集体、这个团队，大家给我的关心和爱护才使我能走到今天，所以我最感谢的就是大家的帮助。排球给了我一生最大的幸福。

赵蕊蕊：大家在一起，都是一家人，我要珍惜这份情谊到永远。

张娜：在国家队我学到了很多东西，也收获了很多。自己是在国家队里长大的。通过这么一个面对挫折的过程，我增强了自信心；经过了失败和成功，我对这个集体非常热爱，也非常感谢教练和队友的帮助。

宋妮娜：在这个集体当中是幸运的。这4年的经历对我以后的工作，不管走到什么岗位都是有帮助的，也是难忘的。我们这个队伍只有团结才能走到这一步，我们在一起也是个缘分，而经历了才能成熟。我自己有做得不好的地方也希望大家谅解，以后大家还要加强联系。

李珊：每看到奥运会的照片和画面都会让我感动。在国家队我得到了很多，也让我认识到排球是我自己的终生事业。在国家队的经历是很艰苦的，但对我的排球生涯和人生都是最宝贵的。我们永远都是好朋友。因为我们曾经一起生活、战斗过。

张萍：大家对我的帮助太大了，没有这个集体就没有我的今天。我离不开大家。

王丽娜：通过自己的加倍努力能够再次回到这个集体，感到非常幸运。

张越红：在这个集体中是非常幸运的，圆了自己的排球梦，更是非常感谢大家给了我机会。祝中国女排以后能获得更多成绩、更多荣誉。

陈静：大家这么多年结下了深厚的友谊，人虽然要离开这个集体，但心永远和大家在一起。

在现实生活中，我们总是生活在集体之中，有各种各样的集体，小至班级，大至学校、企业、整个军队，乃至整个国家。

团结就是力量，小合作有小成就，大合作有大成就，不合作就很难有什么成就。在困难面前，在大灾大难来临时，集体更应该团结合作，各尽所能，才能够共渡难关。

有这样一则古文："有鸟将来，张罗待之，得鸟者一目也。今为一目之罗，无时得鸟矣。"是的，在一张数万只网眼的网面上，捕住鸟的只能是其中的某一只网眼，周围的数万只网眼似乎毫无用处，得鸟的那一目才是值得充分赞扬的。如果这样想，那你就错了，试想：今为一目之罗，无时得鸟矣。这里深深启发着我们，**个人一旦离开了集体，离开了周围的群众，必将一事无成；一个人只有置身于集体之中，才能取得成功。**

我们赖以生存的社会、集体则是一张由数万只"目"交织而成的巨网。当然，集体是由个人组成的，没有无数个人的努力，就没有集体的成就，也不能否认个人对集体的贡献。比如那张网眼，如果它不牢固，鸟就会挣脱而去，整个网便一无所获。个人的力量毕竟是渺小的、有限的，集体的力量才是伟大的、无穷的，个人永远不能与集体相提并论，更不能超越或凌驾于集体之上，只有置身于集体之中才能得到众人的支持和配合，借助于集体的力量与智慧，才能大显身手，有所作为。如我们在学校读书，离不开老师的教导，离不开同学的帮助；再如体育明星刘翔、高敏等人的赫赫战功，离不开教练、陪练、工作人员，离不开党和人民的关心与支持。

集体是个人力量的源泉，个人的成功是集体智慧的结晶。正如雷锋同志所言："一滴水只有放进大海里才永远不会干涸，一个人只有当他把自己和集体事业融合在一起的时候才能最有力量。"

心灵悄悄话

团结就是力量，小合作有小成就，大合作有大成就，不合作就很难有什么成就。在困难面前，在大灾大难来临时，集体更应该团结合作，各尽所能，才能够共渡难关。

感恩——化作春泥更护花

热爱集体

雷锋叔叔说:"一滴水只有放进大海里才永远不会干涸,一个人只有当他把自己和集体事业融合在一起的时候才能最有力量。"**个人的能力总是很有限的,个人离不开集体。**我们每个人为了获得生存和发展的条件,必须投入集体的怀抱,只有坚持团结合作、取长补短,才能赢得一个又一个胜利。

一滴水珠,只有加入大海,才能发出欢快的歌唱;一粒石子,唯有同若干弟兄相互扭结,才能站成巍峨的山峰;一棵小树,只有和同伴们肩并肩地站在一道,才能组成森林,抗击那肆虐的风暴。**任何孤立的个体都是渺小的,而万千个体的组合,则是不可摧毁的力量。**

"神舟五号""神舟六号""神舟七号"载人飞船顺利遨游太空,不是某一个人的功劳,是千千万万科研工作者集体智慧的结晶,是团队精神创造了奇迹。刘翔在2004年雅典奥运会上获得了110米跨栏金牌,成为家喻户晓的亚洲第一飞人。他的成功除了他本人的顽强拼搏之外,还有他身后教练的指导、队友和家人的关心以及全国人民的大力支持。

有一年发洪水的时候,人们在水中发现了一团大黑球,当大黑球靠近岸边时,人们发现这是一团蚂蚁。原来,当洪水来临时,蚂蚁们会迅速抱成一团,随波逐流。最外层的蚂蚁随时会被波浪打入水中,但只要蚁球能靠岸或靠近水上的漂流物,蚂蚁们就有救了。最后,蚁球终于靠岸了,蚂蚁们井然有序地一层层打开,排着队有序地上岸。

蚂蚁是世界上最有力气的动物,它是动物里的"大力士",因为它能搬动比自己重好多倍的东西。蚂蚁们能在发洪水的时候保护自己,是因为它们很团结,不怕困难,最后它们才能战胜困难。这真是集体团结起来力量大!

一个人只有投入集体之中,才会有无穷的力量;一个人只有融入集体之中,才能和集体和谐发展。反之,个人一旦离开了集体,即使有再大的力量,也会枯竭。集体是多种多样的,小至班级,大至国家、人类社会。人们要想更好地生存于地球,需要发扬集体主义精神,才能形成强大的合力,解决生活中的一切难题,获得成就。

在现实生活中,我们总是生活在某些集体之中,小至同学们所在的班级、工厂里的生产小组、部队的一个排,大至一所学校、一个企业、整个军队,乃至整个国家、整个人类社会。从幼儿园到小学、中学,甚至到大学,我们总是处于某个班级中。班集体是我们的第二个"家",老师就像我们的父母,同学们就像兄弟姐妹,同学们一起学习、生活,一起成长、进步,彼此相互关心、相互帮助,我们一起分享快乐和泪水。

有人把班集体比喻为一个大熔炉,班里的同学则像一块块的煤炭。大家想要得到温暖,就必须把自己点燃,放进去,煤块越多,烧得越旺,那么我们的班集体也就越温暖。我们要记住,温暖的班集体不是别人给予的,也不会从天上掉下来,而是全班同学的热情和爱汇聚起来的。

心灵悄悄话

一滴水珠,只有加入大海,才能发出欢快的歌唱;一粒石子,唯有同若干弟兄相互扭结,才能站成巍峨的山峰;一棵小树,只有和同伴们肩并肩地站在一道,才能组成森林,抗击那肆虐的风暴。任何孤立的个体都是渺小的,而万千个体的组合,则是不可摧毁的力量。

感恩——化作春泥更护花

感恩同学

感恩不仅仅是感谢帮助过自己的人,用心感受生活,善于发现美好,感受平凡中的美丽,品味幸福的点点滴滴,这都是感恩。

感恩是美好的,感恩别人,自己是幸福的;被别人感恩,不但是幸福的,而且还是满足的。我要感恩的人太多太多,老师、父母、同学……地球上的万事万物都值得我感恩。今天,我想感恩的是我们的同学。

当我们作业做得好被老师表扬时,同学们就伸出大拇指,投来赞许的目光给我力量;当我们有困难时,同学们又毫不犹豫地伸出援助之手给我帮助;当我们孤寂忧伤时,同学们默默地给我慰藉,给我们真挚的友情,就像春风给小草以轻柔细语、鸟儿给树林以清脆的啼声;当我们在运动场参加比赛时,同学们为我们喊出的"加油",给了我们激情和动力;当同学有争执、违纪、烦恼时,我们互相帮助和谅解,希望、成功、梦想会让我们更团结而充满活力……

拥有一颗感恩的心,不仅仅是感谢爱过我们和帮助过我们的人,而是在心存感激的同时,以同样的爱意和热情去回报周围的人,回报生活和社会。 我们应该用一颗感恩的心对待周围的人,在班集体中,怀着一颗感恩的心,处理好同学之间的关系,爱班集体,关心同学。

下面就是一封给懂得感恩的同学的一封信:

我深爱的同学们:

你们好!

生而为人,要感谢大众的恩惠,感谢父母的恩惠,感谢师长的恩惠,感谢国家的恩惠,没有大众助益,没有父母养育,没有师长教诲,没有国家爱护,我们何能存在于天地之间?所以,感恩不但是美德,而且是一个人之所以为人的基本条件!感恩也可以是一种生活态度,一种善于发现并欣赏美的道德情操。

人们常为一个陌路人的点滴帮助而感激不尽,然而却忽视身边朝夕相处的人的种种恩惠和学习生活工作中的种种机遇。这种心态总是导致他们轻视老师的一切工作,并经常牢骚满腹、抱怨不止,也就更谈不上刻苦学习了。每一位老师或者每一节课都无法尽善尽美,但是每一节课却都有许多宝贵的知识:如语文课教会你说话写文章,数学课教会你数据计算,英语课教会你和外国人交流……这些都是宝贵的知识财富,如果你能每天怀着一份感恩的心情去听课,在学习中始终牢记"有一节课的学习机会就要珍惜、就要感恩"的道理,你一定会收获很多。

一种感恩的心态可以改变一个人的一生。想一想,你们今天坐在宽敞明亮的教室里上课,还有多少贫困山区的孩子徘徊在校门之外?想一想,你们今天在父母给你们提供的优厚条件下毫无忧虑地学习,有多少家庭困难的孩子在为生活而辛苦奔波?因为"受人一抔土,还人一座山",因为要竭力回报这个美好的世界,我们就要竭力上好每一节课,做好每一天的作业,努力提高自己的学习成绩。

我们的心情会变得开朗,我们学习的目的会更明确,那么成绩也就会更出色。在学习过程中,应将心态回归到零:把自己放空,认认真真听好每一节课,牢记老师传授的每一个知识点,去放飞自己的希望,实现自己的理想,一扇通往成功的机会之门就会为拥有感恩之心的你而敞开!

对学习心怀感激的心情基于一种深刻的认识:是老师为你提供了广阔的发展空间,为你铺设了施展才华的平台;是同学为你营造了奋发努力的学习环境,为你一往无前增添了无限动力。你应该用刻苦学习、提高成绩来回报你对同学老师的感激之情。还有你的父母,那更是你应该真正发自内心的感激对象。父母把自己最好的一切都给了你,只为付出,不求回报,那你更应谦和,更应满怀感激!

感恩——化作春泥更护花

"感激能带来更多值得感激的事情"，这是宇宙中一条永恒的法则。请相信，你辛勤挥洒汗水，你拼搏奋进会换来更多更好的学习机会和成功的路径。"受人滴水之恩，当以涌泉相报"，感恩是一种深刻的感受，也是一种文明人的习惯和态度，它能够增强个人的魅力，开启神奇之门，发掘你无穷的智慧。

失去感激之情，人们会马上陷入一种糟糕的境地，对许多客观存在的现象日益挑剔，甚至不满。如果你的头脑被那些令你不满的现象所占据，你就会失去平和宁静的心态，并开始习惯于注意和指责那些琐碎、消极、猥琐、肮脏甚至卑鄙的事情。放任自己的思想关注阴暗的事情，你自己也将变得阴暗，并且，从心理上你会感到阴暗的事情越来越多地围绕在你身边，让你难以摆脱。相反，把你的注意力全部集中在光明的事情上，你将会变成一个积极向上的人，一个大有作为的人，一个高尚的人，一个纯粹的人！感恩于父母，是父母给了我们生命；感恩于师长，是师长给了我们知识；感恩于朋友，是朋友给了我们帮助……

如果你每天能怀着一颗感恩的心而不是抱怨的心态去学习，相信学习时的心情自然是愉快而积极的，学习的结果也将大不相同。"投桃报李，将心比心"，学会感恩，你的生活将宁静而祥和，你的学习将深入而提高。爱使我们的明天更美好，感恩的你就是我们最大的骄傲！

心灵悄悄话

同学之间的友情是严冬里的炭火，是酷暑里的浓荫，是湍流中的砥石，是雾海中的灯塔。纵使你我走遍天涯海角，走过千山万水，我将永远记着你们——我的同学！我将永远感恩你们——我的同学！

集体中人际交往的艺术

萧伯纳曾说："倘若你有一个苹果,我有一个苹果,而我们彼此交换这些苹果,那么你我仍然各有一个苹果。但是,倘若你有一种思想,我也有一种思想,而我们彼此交流这些思想,那么,我们每个人将有两种思想。"

个人必须在集体中才能获得生存和发展。集体要具有战斗力,需要在集体成员的相互交往的基础上团结合作,建立良好的人际关系。这是集体生活不可缺少的内容。在集体生活中,有的人说话行事恰当具体,很容易得到他人的好感和喜爱,往往具有较好的人际关系;有的人正好相反,遭人嫌弃,被人孤立,人际关系很糟糕。**要想更好更快地融入自己所在的集体,一是要提高自己的道德修养,做好个人;二是要提高自己做好工作的能力;三是要养成良好的行为习惯。**

一、互相尊重

古人说:"爱人者,人恒爱之;敬人者,人恒敬之。"意思是说:爱护别人的人,别人也总是爱护他;恭敬别人的人,别人也总是恭敬他。

互相尊重,就是人与人之间彼此尊敬和看重对方。尊重别人等于尊重自己;也只有尊重别人,才能得到别人的尊重。**我们应当尊重同学,尊重同学的人格,尊重同学的愿望、感情、爱好和民族风俗习惯。**

怎样做才算尊重同学呢? 在学校里,应该尊重大同学,爱护小同学,尊重女同学,不取笑同学,不给同学起外号,不背后议论同学。同学间每天第一次见面要相互问好;离校时互相道别,说声"再见"。这是真诚、礼貌的表现,也是尊重别人的一种必要形式。在这方面周总理给我们做出

感恩——化作春泥更护花

了光辉的榜样。

有一次朱师傅为周总理刮脸，总理突然咳嗽一声，朱师傅没提防，在总理的脸上刮了个小口，朱师傅忙道歉说："对不起，总理。"总理却亲切地说："怎么能怪你呢？我咳嗽没和你打招呼，幸亏你刀子躲得快。"

这个故事告诉我们：只有在感情上有一颗尊重别人、爱护别人的心，才能使上级和下级、老师和同学、同学和同学等人与人之间平等相待、彼此尊重。同学互相尊重还必须注意从"我"做起。每个同学都希望得到别人的尊重，如果每个人老强调别人应该尊重自己，唯我独尊，那是不现实的。只有每个人都从我做起，强调"我"首先要尊重别人，才能创造人人互相尊重的风气。

要尊重同学首先应该尊重他的人格。每个同学都有自尊心和荣誉感，当他的人格得不到别人的尊重时，往往是很伤心、很痛苦的。我们有些同学不大注意这一点，常常用自己的长处去讥笑别人的短处，跟别人说话不分大小，拌嘴专门揭短，开玩笑开过头，侮辱人甚至捉弄生理有缺陷的人，这些都是不尊重别人人格的表现，是很不应该的。

总之，互相尊重，是一个人有礼貌的表现，是每个人都应该具有的一种文明行为。

二、关心爱护

我们每一个同学都生活在学校这个大家庭中，都要和同学接触，同学之间应该互相关心，互相爱护，这也是一种高尚的文明行为。

雷锋生前有一句名言："自己活着，就是为了使别人过得更美好。"

雷锋小时候十分关心同学，爱护同学。一天早晨，同学们上学遇到大河涨水，石桥被淹没了，一群低年级小同学不敢蹚水过桥，正急得没办法，雷锋见此情景二话没说，卷起裤腿，蹚着没膝深的河水，把小同学们一一背过了河。雷锋的一位同班同学，因患病几天不能到校上课，雷锋每天放学后来到这位同学家，一面安慰同学安心养病，一面耐心帮助同学补习功课。在雷锋的热情帮助下，这位同学没有因为患病落下一节课。

我们要以雷锋同志为楷模，在学校集体生活中，同学之间要互相关心、互相照顾、互相爱护。同学在学习上有困难，我们要帮助他学习，帮助他解除疑难，要随时随地想着同学；同学缺学习用品和生活用品，要热情爽快地借给他，主动地帮助他；同学取得好的学习成绩，我们要虚心向他学习并互相鼓励。

在学校里对同学要礼让，我们要时时爱护小同学，处处尊重女同学，特别是关心照顾体弱和有残疾的同学。

同学们只要心中有他人，时刻为别人想一想，你就能主动帮助别人，主动为别人做好事，这样长期做下去你就会得到别人的关心、照顾和信任。同时，它也是同学们应该具备的美德。

三、文明交往

同学之间交往，一定要守信用，说到做到，答应别人的事要努力去办，办不到的事不轻易答应人家。信义是交往的基础。

与同学相处要真诚待人，不骄傲，不"咬尖儿"，特别不要背后传话议论人。未得到同意，不能随便动用别人的东西，借别人的东西一定要告诉同学。阅读同学的书报，不要弄脏、不要撕破，更不要私自带走。同学之间发生矛盾时要多做自我批评，多要求自己，别人有困难要耐心帮助，能原谅他人的过失，要宽容。

在与同学交往时要举止稳重、大方，行为适度。与人谈话，不要先拍拍打打别人或用手指点人家说话。不能在一个同学面前与别人交头接耳，同时不要在别人单独谈话时凑上前旁听。自己讲话时注意离对方不要太近，尤其不能溅出唾沫来。走路时不要搭着别人肩膀走。在同学面前，特别是在女同学面前不要乱开玩笑，更不能恶作剧。同学间逢年过节、过生日送点小礼物也还可以，最好是自己动手制作，如贺年卡、生日卡等，但不要过分。

感恩——化作春泥更护花

在与同学交往中还要注重讲礼节。在妨碍别人时要立即改正，并说："对不起""请原谅"；当别人妨碍自己，并表示歉意时要说"没关系"；当别人给了自己方便和帮助时，要说声"谢谢"；当帮助别人做好事、受到感谢时要谦逊地回答："不用谢""别客气"；当你需要别人帮助时要用商量的口气说："请。"礼貌是交往的桥梁，不讲礼貌就没法与人和睦相处，自己也会失去朋友。

我国古代大教育家孔子曾说过这样一句话：**"独学而无友，则孤陋而寡闻。"**意思是说，独自学习而没有朋友，将是一位学问浅显，听不到太多东西的人。同学们要学会文明交往，广泛交朋结友。

善良、友好的人最容易交到朋友。

心灵悄悄话

个人必须在集体中才能获得生存和发展。集体要具有战斗力，需要在集体成员相互交注的基础上团结合作，建立良好的人际关系，这是集体生活不可缺少的内容。

感恩学校外所有集体

感恩是一种生存智慧，是做人的道德底线，是一个人维护自己的内心安宁感和提高幸福感必不可少的心理能力。**感恩，不仅是一种情感，更是一种行为表现。**

有人说，一个人最大的不幸，不是得不到别人的"恩"，而是得到了，却漠然视之。因为一个不懂得感恩的人，只会把别人的给予当作理所当然，只会一味索取，而不懂得给予。

下面有这样一个故事：

那一年高考落榜，我和好友阿静、子露同时考入本市一家大型企业。这家国家重点扶持的企业在市里颇有名气，我们三人能同时被录用，那份高兴劲儿就甭提了。

进去头三个月是培训阶段，每天集中在大会议室上课。那些枯燥的集成电路技术将我们弄得七荤八素、不胜其烦。但听说培训结束后要进行一次严格的考试，并将按考试成绩分配工种，大家又不敢等闲视之。于是不管刮风下雨，我和阿静、子露都从不缺课。

三个人中，我和阿静的性格比较相近，子露则显然太有个性，有时甚至让我受不了。记得有一回下大雨，我进教室后很自然地把湿雨衣搁在旁边的座位上，子露马上来敲我背了："嗨，你把雨衣挂到门口去嘛。"

我懒得动身，说："没关系，空座位那么多呢。"

子露却坚持道："你的雨衣这么湿，弄得满椅子满地都是水，你让下一堂课的人怎么坐啊？"

一旁的阿静赶紧打圆场："算了，又不只有她这样。"

"都像你们这么想，大家都没椅子坐了，自私！"子露毫不留情地说，一把抓起我的雨衣，就硬给挂到门口去了。

当着众多新同事的面，我觉得脸上很下不来，火烧火燎的。于是接下来的一整天我硬是没去理子露，只管和阿静说话。子露却毫不在意，一下课就将自己的笔记本扔到我桌上。因为我眼睛近视，黑板上的线路图总看不清，子露便每天抄了先借给我看。这倒大大出乎我的意料。原来我已打算再不向子露借笔记了，当然也不再主动搭理她。

类似的事情后来又发生了好几回，每一回子露都用她那张不饶人的嘴，弄得我或阿静在众人面前不胜难堪。我几次忍无可忍，下定决心再不理她，都是阿静劝我打消这个念头。她说："跟子露这样的人交朋友，没大好处，但也绝对没坏处。她心无城府，绝不会坑你，关键时刻，说不定还能利用利用她的炮筒子脾气呢。"

阿静的这番理论，我说不上是对是错，但想想子露毕竟也没太对不起我的地方。去年我母亲住院，还是她主动来帮我一起陪夜，端屎倒尿，买饭打水，就连母亲都被她感动了。或许阿静说得对，她就这脾气这嘴，心眼儿却不坏。

我和阿静也有分歧，但那通常只发生在对某些问题的看法上。比如有一回子露问我们俩一个问题：假设现在洪水来了，所有的人都在逃命，而你的朋友还在找她的鞋，你会等她吗？

"笑话，这种时候还找鞋，傻瓜才会等她穿鞋呢，拽上就跑呗。"阿静毫不犹豫地说。

"可是，不穿鞋或许逃不快，一样得被洪水追上。"我说。

子露笑笑，又转向阿静："如果外面满地都是玻璃碴儿，你总得等她穿鞋吧？"

"哪怕满地刀刃啊，是脚重要还是命重要？"阿静不屑地说。

"可是，我认为还是得等她穿上鞋，我一定得等她。"我固执地说。

阿静气急了，大声冲我说："阿容，改改你这种老好人的迂腐吧！那种时候，能够拉着朋友一起走已经相当不容易了，你居然还会傻到等她穿鞋。事实上啊，我敢保证这种时候都老早各自逃命了，谁还等来等去，这是一种求生本能！"她涨红了脸，好似眼前真的来了洪水。

不过争执归争执，并不因此影响我和阿静的友情，毕竟那只是一种假设。这样的假设在我们的生活中永远都不会变成现实，我想。

考试如期进行了。从考场出来，我和阿静紧张地对着试题，我发现自己错了很多，而阿静却几乎题题答对。我惭愧而惶恐了，已看到自己前途不妙。阿静赶紧安慰我道："塞翁失马，焉知非福。听说这回分配工种，机关里有两个名额，你虽然没考好，但你笔头好，天生就是坐办公室的料。我考得好，也未必是件好事，你想这种考试考的都是技术，你技术越好，就越适合下车间。"下车间是我们这些待命的人最害怕的一件事，四班三运转，大夜班翻小夜班，不光体力上吃不消，说出去也不好听，恐怕将来找对象都麻烦。

在紧张而忐忑的等待中，分配工种的日子终于到了。阿静的猜测还真灵验，人事部主任宣布将从我们这批人中挑选两个人去机关工作，剩下的一部分分散到各个职能部门，其余全部下车间。

当阿静以考试总分第一的成绩被宣布分配到机关时，我真为她高兴。但出乎我意料的是，紧跟着的第二个名字竟然是我。

子露却被分到了车间。

我和阿静同时进了机关，但阿静是文秘，我只做了一个打字员。阿静很忙，每天忙着接待、写报告、陪领导视察，穿着职业套装风头十足。我也很忙，每天忙着打字、复印、油印、装订。我和阿静同在一幢办公楼一个部门，却通常只局限于相遇时互相点点头。

倒是子露常常来我的打字室。她三班倒，空闲的时间多，一有空就跑来，和我聊天，帮我一起油印装订，还偷偷带了好吃的东西来跟我分享。子露的开朗、风趣和对我的关怀使我在透不过气的忙碌中，感觉到一丝如沐春风的快乐。

如果没有已退职的人事部主任的那一番话，或许我的生活会一如既往的平静,那天这位主任来请我打印一份材料。

"小丁,你和陈子露很要好吧?"不知为什么他主动提到了子露。

"是啊,我和子露、徐静都是从小长大的好朋友。"

"子露这女孩儿真够义气,我现在想想,当初可真委屈她了。"主任忽然叹了口气。我一愣,本能地感觉到了什么。

"你还记得那次分配工种吗?原定进机关的名额里根本没有你,是徐静和另一个人。可没想到子露不知从哪里得到的消息,晚上找到了我的家。"

"子露拿来了厚厚的一本剪贴本,上面全都是你在报刊上发表的文章,她当时又气又急,慷慨陈词。我便故意激将她道,如果我把小丁调进机关,让你下车间,你干不干?没想这小丫头嘴硬,梗着脖子说,去就去,更不可思议的是,她还去找了总经理。总经理居然被她说动,同意让你进了机关。唉,只委屈了子露这小丫头啊!"主任一副内疚的样子。

我脑子里"轰"的一声,忽然间全部思想都消失了。

当晚我几乎没有丝毫犹豫就去找了子露。门一开,望着子露这两年因为上夜班明显消瘦的脸,我的眼泪就控制不住地往下掉。

"子露,我值得你那么做吗?"那晚,我翻来覆去只说着这么一句话。

子露笑了,她温柔地看着我的眼睛,说:"值得。因为你是一个会等我穿鞋的朋友。"

假设现在洪水来了,所有的人都在逃命,而你的朋友还在找她的鞋,你会等她吗?

我们只有学会感恩,才能以平等的眼光看待每一个生命,尊重每一份平凡的劳动,在未来的生活中少一些怨天尤人的抱怨,而多一份发自内心的满足与快乐。只要我们心怀感恩,我们便会发现,生活原来是如此的和谐和美丽!

所以,我们要感恩时代,我们的社会在不断地进步,感念时代的赐予,珍惜现在的拥有,增强奉献意识和社会责任意识。

我们要感恩社会,感谢大自然对生命之源的赐予,感悟社会的馈赠,学会热爱自然,回报社会。

我们要感恩集体,感恩集体、他人给予自己的关心、帮助和支持,感念集体共建的每一份荣誉和成功。

我们要感恩父母,感念父母赐予我们生命,感谢父母对我们的无私付出和养育之恩,对父母长辈多一份体贴,多一份关怀,多一句问候。

我们要感恩老师,感谢老师启迪我们的心智,关怀我们的成长,感念老师对我们的辛勤付出和教诲,在感念师恩中崇德成才,奉献社会。

我们要感恩同学,感谢他们陪伴着自己学习、成长,感念他们带给自己快乐,教会我们与人相处,教会我们团结、合作。

我们还要感恩对手,感谢强大的对手给予我们的竞争压力和挑战,感谢对手给予我们学习的鞭策和成长进步的动力,用感恩的心做人做事。

个人力量总是有限的,个人不能离开集体,也不能不与他人合作而获得生存和发展。事实上,个人总是生活在各种集体中。集体合作在自然界和人类社会中都是非常普遍的现象,自然界中有了合作,大自然才能欣欣向荣;人类历史上有了合作,世界才能发展至今。

心灵悄悄话

我们只有学会感恩,才能以平等的眼光看待每一个生命,尊重每一份平凡的劳动,在未来的生活中少一些怨天尤人的抱怨,而多一份发自内心的满足与快乐。只要我们心怀感恩,我们便会发现,生活原来是如此的和谐和美丽!

感恩——化作春泥更护花

第九篇　感恩自然

　　因为有了自然，因为有了其他生命的存在，我们才得以存在，生命也因此而变得更加丰富精彩。怀抱着一颗感恩的心去对待天空、大地、阳光，甚至是一棵矮小的树、一朵无名的小花，并怀着一颗真诚的心去感谢生命中能有它们存在。

　　树也如同人一样，稀疏的树木因为没有竞争存在，就懒散着随意生长，这往往使它们生长得奇形怪状，最终不会成材；而长在一起的树木，每个个体想要生存，就必须让自己长得高大强壮，这样才能争得有限的阳光、水分等生存资源，从而存活下来，最终它们长成了令人敬佩的栋梁之材。

植物的生存智慧

长白山是一座死火山,山脚下土层厚的地方森林茂密,但是随着海拔的增加,覆盖山体的便都是黑色的火山石和白色的火山灰了。恶劣的生存环境,使高大的乔木,甚至是灌木都望而却步了。

但站在海拔400米向上望去,竟有一片片火一样的颜色。向上攀登时,我才发现,那是一种成片的矮小植物正在绽放的花朵。

当地人告诉我,这种开花的植物叫作高山杜鹃。

我仔细观察这些高山杜鹃,它们只有几厘米高,几乎是贴着地面生长。虽然它们的生长环境是没有养分的火山岩,但那花朵却如一团团火焰在迎风怒放,看着高山杜鹃生机勃勃的样子,比山下的高大树木更加盎然。管理人员告诉我,高山杜鹃之所以能在寸草不生的碎岩上生存,并绽放成一道美丽的风景,最根本的原因是矮小,它们的植株只有几厘米,这达到了木本植物的极限。而且,山上可以吹折树木的强风也不会波及这些矮小的植物。

所处位置越高,处世态度越要低调。虽说高处不胜寒,但高处仍然有风景,我想,这其中的玄机值得回味。

长白山脚下,锦江大峡谷旁边的原始森林里,有许多倒下的大树,有人见此,均感奇怪:这么粗壮高大的树怎么会轻易倒下呢?

一位导游这样解释:

这些大树的问题出现在根上。一棵树的生长,不只是地上部分的生长,上面生长的同时,地下的根系也要随之生长。地下与地上的生长是成

203

正比的，可以这样说，地上的树有多高，地下的根就有多长，只有地下的根系发达，才能为地上的枝干提供足够的水分、养料，也才会有足够的力量支撑地上的部分。倒下的这些树，都是根系不发达，根扎得不够深的树。这样，大的风雨袭来，他们便会轰然倒下，并且，如果根基不牢，越高大的树就越容易倒下。

我看了那些倒下的大树的树根，果然如他所说。

所有的事物都依赖于根基，根基不牢，再恢宏的伟业也会在一瞬间回归到零。

在长白山茫茫林海中穿行，常看到这样一个奇怪的现象，稀疏生长或独自生长的树木，树身都不会太高，而且它们的枝干也弯曲不直。但成片的树木则每一棵都高大挺拔，从不旁逸斜出。

阳光、水分是树木生存发展的必需条件，按这个生存法则，占有阳光、空间多的树木一定会比那些只顶着头上巴掌大一块天的树木要长得好。但为什么生存在优裕环境中的树木反而没有恶劣环境中的树木高大挺拔？

正在我迷惑不解时，一个当地人这样说，**树也如同人一样，稀疏的树木因为没有竞争存在，就懒散着随意生长，这往往使它们生长得奇形怪状，最终不会成材；而长在一起的树木，每个个体想要生存，就必须让自己长得高大强壮，这样才能争得有限的阳光、水分等生存资源，从而存活下来，最终它们长成了令人敬佩的栋梁之材。**

竞争的力量，往往是让生命自强不息、锻炼成才的最好力量。

心灵悄悄话

树木生存的智慧，其实也是我们人类生存的智慧。很多时候，人们都认为自己是万物之灵，自己拥有的智慧是其他动植物所不具备的。其实，这是一种狭隘的看法，大自然的智慧，远比人类所拥有的要多，大自然那丰富的智慧，是我们每个人穷其一生都无法学习到的。

感恩——化作春泥更护花

鹰

喜欢鹰,不但因为它冷峻的外表,还有它坚强的精神。

寒冷的高原上,如果你看见一只鹰在努力地往石头上爬,你会是什么感受? 好奇? 我想是的。跟在它们后面,慢慢走。如看着几个不幸的人那样,带着怜悯的心情,静静地看着鸟儿爬山。但是,这些不幸的鸟儿没有放弃,依然坚强地向上。痛苦,我们不知道它内心的痛苦,却可以看见它眼里的泪水。为了达到山顶,它们花了几分钟,这只是为了那一跃。

当鸟儿们从山顶一跃而起的时候,一切都明白了。它们为了飞翔,忍受了多少的痛。霎时间,心中的怜悯变成了感动和敬意。就像本篇最后一句话一样:"鹰是从高处起飞的。"

几只鹰在山坡上慢慢爬动着。

第一次见到爬行的鹰,我有些好奇,于是便尾随其后,想探寻个仔细。它们爬过的地方,沙土被沾湿了。回头一看,湿湿的痕迹是从班公湖边一直延伸过来的,在晨光里像一条明净的丝带。

我想,鹰可能在湖中游水或者洗澡了。常年在喀喇昆仑山上生存的人有一句调侃的谚语:死人沟里睡过觉,班公湖里洗过澡。这是他们对没上过喀喇昆仑山的人的炫耀。高原七月飞雪,湖水一夜间便可结冰;这时若是有胆量下湖,顷刻间恐怕便不能再爬上岸。

而这几只鹰已经离开了班公湖,正在往一座山的顶部爬着。平时所见的鹰都是高高在上,在蓝天中飞翔。它们的翅膀凝住不动,像尖利的刀剑,沉沉地刺入远天。人不可能接近鹰,所以鹰对于人来说,则是一种精神的依靠。

据说，西藏的鹰来自雅鲁藏布大峡谷，它们在江水激荡的涛声里长大，内心听惯了大峡谷的音乐，因而形成了一种要永远飞翔的习性。它们长大以后，从故乡的音乐之中翩翩而起，向远处飞翔。大峡谷在它们心中渐渐疏远，随之出现的就是无比高阔遥远的高原。它们苦苦地飞翔，苦苦地寻觅故乡飘远的音乐……在狂风大雪和如血的夕阳中，它们获取了飞翔的自由和欢乐；它们在寻找中变得更加消瘦，思念与日俱增，爱变成了没有尽头的苦旅。

而现在，几只爬行的鹰散瘫在地上，臃肿的躯体在缓慢地往前挪动，翅膀散开着，拖在身后，像一件多余的东西。细看，它们翅膀上的羽毛稀疏而又粗糙，上面淤积着厚厚的污垢。羽毛的根部，半褐半赤的粗皮在堆积。没有羽毛的地方，裸露着红红的皮肤，像是被刀剃开的一样。已经很长时间了，晨光也变得越来越明亮，但它们的眼睛全都闭着，头颅缩了回去，显得麻木而沉重。

几只鹰就这样缓缓地向上爬着。这应该是几只浑身落满了岁月尘灰的鹰，只有在低处，我们才能看见它们苦难与艰辛的一面。人不能上升到天空，只能在大地上安居，而以天空为家园的鹰一旦从天空降落，就必然要变得艰难困苦吗？

我跟在它们后面，一旦伸手就可以将它们捉住，但我没有那样做。几只陷入苦难中的鹰，是与不幸的人一样的。

一只鹰在努力往上爬的时候，显得吃力，以致爬了好几次，仍不能攀上那块不大的石头。我真想伸出手推它一把，而就在这一刻，我看到了它眼中的泪水。鹰的泪水，是多么屈辱而又坚忍啊，那分明是陷入千万次苦难也不会止息的坚强。

几十分钟后，几只鹰终于爬上了山顶。

它们慢慢靠拢，一起爬上一块平坦的石头，然后，它们停住了。过了一会儿，它们慢慢开始动了——敛翅、挺颈、抬头，站立起来。片刻之后，忽然一跃而起,直直地飞了出去。

它们飞走了。不,是射出去了。几只鹰在一瞬间,恍若身体内部的力量迸发了一般,把自己射出去了。

太伟大了,完全出乎我的意料。

几只鹰转瞬间已飞出很远。在天空中,仍旧是我们所见的那种样子,翅膀凝住不动,刺入云层,如若锋利的刀剑。

远处是更宽阔的天空,它们直直地飞掠而入,班公湖和众山峰皆在它们的翅下。

我脚边有几根它们掉落的羽毛,我捡起,紧紧抓在手中。

这就是神遇啊!

下山时,我泪流满面。鹰是从高处起飞的。

心灵悄悄话

成功者是从更高的高度出发的。而这个高度,将会是由更多的痛苦换来的。当他们还是所谓的不幸的人的时候,他们没有理会他人的飞行,他们没有放弃,他们依然向上爬。当他们从山顶飞翔起来的时候,他们便成功了,便超越了。

袋獾的天使翅膀

2004 年 6 月 24 日，我们这支野外生物考察队到达了澳大利亚西部的塔斯马尼亚州，威尔逊教授希望能记录下一些罕见动物的生活习性。

这天午后，我们无意中遭遇了一只皮毛漆黑发亮，如同一只短腿猛犬的小东西。它毫无惧色，咧开獠牙满布的大嘴，发出阵阵咆哮，同时，一股刺鼻的恶臭传出，我一阵反胃。

威尔逊教授却喊起来："太好了，这正是塔斯马尼亚'魔鬼'，一种叫袋獾的动物。"奇怪的是，这只特别肥的袋獾跑得特别慢，我们惊喜地发现，这是一只母袋獾，它像是怀孕了。

就在我们准备捉住这只母袋獾时，一只大公袋獾突然龇齿怒吼地钻了出来，护在母袋獾前面。

我迅速把网撒开，那只公袋獾跳开了，母袋獾因为身体笨重而被套在网中。那只发怒的公袋獾对着网猛抓猛咬一阵后，看无济于事，才愤愤地逃开。

母袋獾被我们关进一个小笼子里，天很快黑了下来。

"看样子，它很快就会生产。"经验丰富的威尔逊教授说，"我们拍的照片一定非常有价值。因为这种动物极难捉到，以前从来没人写过有关它分娩的内容。"他边说边把自己的一件棉衣放了进去，母袋獾很快就在上面呼呼大睡起来。

夜深了，忽然，一股浓烈的腥臭和几声尖叫将我们惊醒。顺着声音看去，好几只袋獾正虎视眈眈地盯着我们，为首的正是那只逃走的公袋獾。

当火堆熄灭的时候，战斗打响了。袋獾们猛地一拥而上，用它们的利嘴尖爪没命地向我们扑来。威尔逊教授一边抵抗一边大喊着："不要惊慌，不要杀死它们"。就在这时，玛丽忽然尖叫起来："快，快看！"原来那只公袋獾绕到了母袋獾的笼前，拼命抓挠着笼门。里面的母袋獾已经不再狂叫，它用力地顶着笼子，嘴里向公袋獾哼哼着。

"看好那只笼子。"威尔逊对乔说。而此时被几只袋獾纠缠得挂了彩的乔，终于忍不住发怒了："去死吧！"他拿起火枪冲着那只公袋獾的腿就是一枪。子弹射穿了它的左后腿，在关节处断裂，只剩一点儿皮连着，鲜血汩汩地流了出来。袋獾们吓得飞快地逃跑了。

公袋獾没有逃，依旧疯狂地扑着笼子，血液不断流失，但它没有一点儿退缩的意思。我们一走近，它就定定地盯着我们，嘴里还发出呜呜的威胁声，但声音已经很小。因为它几乎没多少气力了。

大家想给公袋獾包扎，可谁也近不了它的身。虚弱的公袋獾一直望着笼中的"爱人"，一步也不肯离开，场面极其悲壮。

天明时分，一阵凄楚的叫声传来——母袋獾终于要分娩了。那是两只红色的肉乎乎的小东西。母袋獾顾不上疼痛，将两只小袋獾耐心地舔净，然后它们无师自通地钻进了母袋獾身下的育儿袋。公袋獾挣扎着起身，坐在一边向它的妻子问候，母袋獾用低低地声音应答着。威尔逊教授趁机打开了笼子门。

生产过后的母袋獾看起来非常疲惫，它先是慢慢地把掉落的胎衣全都吃了下去，接着又焦急地到处找着什么。

这时，奇迹出现了，只见那只公袋獾焦急地拼命地咬着它那条断裂的后腿。很快，公袋獾叼着自己的后腿，轻轻地放在母袋獾旁边。急需营养的母袋獾马上大啃起来。那骨头被咬碎的声音让人不寒而栗，而公袋獾却眯着眼睛卧在它旁边，好像在听着动听的音乐。

吃完后，两只袋獾依偎着卧在一起休息，两只小袋獾在妈妈的袋子里动来动去。"夫妻"两个都极为疲倦，但表情非常幸福。尤其是公袋獾，它看着自己的"妻子"，眼神是那么深情。

过了一会儿，母袋獾吃力地站了起来，和一瘸一拐的公袋獾向灌树丛走去。我们谁也没有追赶，就这样看着它们艰难地离去。

关于袋獾分娩的照片和文章引起了极大轰动。在文章的后面，威尔逊教授写道："我们这次考察最大的收获，并非亲眼看到并记录了袋獾的分娩，而是目睹了一场伟大的爱情。在爱的天空下，再凶猛和残忍的动物都会长出天使的翅膀。"

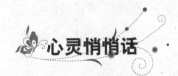

心灵悄悄话

不论是人还是动物，爱情都是永恒的主题。为了救出自己心爱的妻子和孩子，公袋獾奋不顾身，即使自己受伤后也不离不弃。到后来，为补充妻子的体力，它甚至不惜咬掉自己的一条腿……正因为如此，它们的爱才显得惊心动魄，震撼人心。真正的爱情，会让人奋不顾身，甘愿为对方牺牲一切。

感恩——化作春泥更护花

小野鸭影响国策

卢塞恩在瑞士中部,是瑞士第三大城市,因为毗邻卢塞恩湖而得名。这个城市依山傍水,湖光山色,环境非常优美。

前一段时间,城中的五谷广场上发生了这样一件事情:

一只野鸭在花坛边做了一个窝,孵了一只小野鸭。这本来是一件喜事,起初,卢塞恩的市民们也是这样认为的,因为自从《卢塞恩报》报道了这件事以后,许多市民都在网上表示祝贺,市长甚至还亲自到广场上去探视那只刚出生的小野鸭。

如果那只小野鸭出壳后茁壮成长,然后随鸭妈妈飞回卢塞恩湖,也许这个新闻就结束了,但事情偏偏不是这样发展的,小野鸭在出壳后的第七天意外地死掉了。

这一死可不得了啦! 一个民间鸟类保护组织首先向市长发难:你有什么权利去探望那只小野鸭? 他们认为市长扰乱了小野鸭宁静的生活,致使小野鸭受到了惊吓,市长这种为自己树形象、拉选票的做法严重侵犯了动物的生存权,市长应该向全市人民道歉。

这一抗议发出后,市长坐不住了,因为每天都有许多记者来到市政大厅,请市长谈谈对小野鸭之死的看法。为了平息事态,市长不得不对自己的行为作出解释,并且向小野鸭的死表示愧疚,同时向市民道歉。

事情到此应该算是比较圆满了,因为这件事的主角毕竟只是一只鸭了。可是,事情并没有结束。就在市长公开向市民道歉的第二天,一个民间环保组织又发难了：鸭子为什么要跑到市政广场上来孵小鸭，难道卢塞恩湖没有它们的位置吗？湖水可能已经被污染了，要不然它怎么会跑到广场上来呢？

这一问更不得了啦，因为卢塞恩市民的饮用水全都来自卢塞恩湖，如果湖水被污染了，全市居民的生命不就没有保障了吗？市长拿着纳税人的钱，但却不能保证纳税人的生命安全，他是干什么吃的？

市民们开始到市政广场上去游行，环境监测部门也立即出动，对卢塞恩湖的水质进行鉴定。鉴定的结果是，卢塞恩湖果然被污染了，虽然污染的程度不是很严重，但污染度毕竟上升了 0.1‰！"污染度是在你这任市长的任期内上升的，你就要承担责任。"市民们要求市议会拨专款整治卢塞恩湖，并要求市长立即写辞呈。

市议会不敢怠慢，立即召开会议研究此事，市长也非常严肃地道了歉，可是局面已经难以挽回，因为水质问题关系到国计民生，关系到百姓的性命。最后的结果是，市议会拨出 2 000 万法郎专门用于减污工作，市长也引咎辞职。

由一只小鸭子引起的风波到此总该结束了吧？因为卢塞恩市民要求还他们青山绿水的愿望达到了。可是，大事还在后头呢！

市长辞职后的第 45 天，瑞士为了发展旅游业，就加入《申根协定》的问题进行全民投票。这个协定是 1985 年 6 月由法国、德国、荷兰、比利时、卢森堡 5 国发起，在卢森堡的小镇申根签订的。这是一个关于相互开放边境的协定，一个国家只要在这个协定上签了字，本国公民不需要过境签证，就可以自由进出其他协定国。

众所周知，在欧洲，瑞士虽然国土面积小，却是一个旅游大国，如果加入《申根协定》，势必更加推动瑞士旅游业的发展。可是，正是由于那只小野鸭，93％的卢塞恩人投了反对票。他们认为，加入《申根协定》以后，会有更多的外国游客到卢塞恩湖游玩，到那时将不只是一只野鸭飞向市政广场，可能是 3 只、5 只、10 只甚至 100 只，湖水污染问题也会更加严重。最后，《申根协定》没有被通过。

一只小野鸭影响到国家的对外政策，我们可能觉得小题大做，然而这是事实。

一只小野鸭，竟然引发了一连串的轰动事件，而所有的这些事件，都紧紧围绕着一个主题——保护家园。

心灵悄悄话

青山绿水、碧海蓝天、鸟语花香是我们梦寐以求的美丽家园，但是如今废气、污水、垃圾、重金属污染……让我们生存的家园一再地受到侵害，使她变得满目疮痍，如果我们再不采取保护措施，地球将会变成毫无生气的荒漠。保护家园如今已刻不容缓，让我们携起手，共同保护我们美好的家园吧。

两棵树的爱情

一粒树种被埋在瓦罐下已有些时日了,在昏昏沉沉中,她忽然听到一声很轻微的爆裂声,她一下子被同类的这种声音鼓舞了,开始没日没夜地试着冲出黑暗。她的努力没有白费,在这个春天即将结束的时候,她终于咬破了瓦罐的一丝缝隙,顶出了一片嫩黄的叶子。

好不容易探出头来的她还没来得及站稳脚跟,就开始迫不及待地寻找先她破土的那粒种子。她发现他就在离她不远的院子里,已有半米多高了,而自己却被压在一堵高墙下。

为了往上长,她拼命地吮吸着阳光和雨露,不管雷雨大作还是狂风肆虐,她都挺直腰杆努力向上。尽管瓦罐刺破了她的脚掌,墙壁划伤了她的肌肤,她都心无旁骛,甚至拒绝了一棵向日葵的献媚,一株剑兰的示爱。冬天到来的时候,她终于长到半米高了,但他却早已越过墙头,任她怎么努力也够不着他一根细微的枝条。

这个冬天似乎特别漫长,她常常在朔风中抖动着细细的枝条向他招手。他却根本没有发现她对他的仰慕。既然牵不到他的手,那就缠绕住他的根须吧。于是,她竭尽全力将根须向他的方向爬去,全然不顾瓦片的锋利和墙壁的挤压。当春天到来的时候,她细小的根须终于接触到了他的根须。

一股轻轻切切的缠绕终于使他注意到了她的存在,他这才发现她和她满身的伤痕。他把自己有力的根须小心地从那些伤口绕过去,再将她密密地包裹起来。

春去春又来,他的枝叶已覆盖了半个院子,他已能傲视整个院子里所有的花草树木了。望着他伟岸挺拔的身躯，再看看自己尚嫌弱小的身躯，似乎永远也无法达到和他并肩的高度。她有些灰心也有些胆怯了。他仿佛看穿了她的心事，根须更有力地攀紧她。她被他有力的筋骨提携着，一点一点地变高变粗。现在，她也能越过高高的墙头，和他一起倾听微风的呢喃，细数天上的白云了。

那是一个狂风大作的深夜，风狞笑着一次次向她发起进攻，每一次摇动都会使她的肌肤和石墙摩擦并留下道道伤痕，根部更是撕裂般的疼痛。为了减轻她的痛苦，他的身子尽量向她倾斜，像老鹰保护自己的雏儿一样把所有的枝条伸展开，全力遮住向她席卷而来的风暴，他的条条根须像一根根细小的绷带，将她密密麻麻地缠绕起来。数不清的根须你缠我，我绕你，已分不清谁是谁。在暴风雨面前，他们已融为一体。

斗转星移。一个月华如水的秋夜，她感到自己的身体鼓胀得有些莫名其妙。继而，她抑制不住内心的狂跳而颤抖了：等待了多年的那个心愿终于就要实现了！纷纷扬扬的米粒般的花苞铺天盖地洒满了她的树冠。第二天，整座院子飘满了优雅的清香，他一下子被这少有的奇香唤醒了，他要叫醒她，和她一块分享这份美好。但是他呆住了：她正以前所未有的美丽向他微笑，她身上的每一朵细小的花瓣里都灌满了这醉人的甜香。

他默默地注视着她，为她的美丽，为她的绽放而感动。只有他知道，为了这一天，她付出了多大的痛苦和代价，那些斑斑驳驳的伤痕就是最好的证明。

天大亮的时候，一些人推倒了院墙，比比画画地来到他们跟前："这棵桂树的花可真香啊，就留下吧，把白杨刨了。"

随着镐头的深入，他们缠绵交错的根须展露在人们面前，任人们怎么分都分不开。"真是奇怪，两棵树的根怎么也分不开。"他们不知道：为了能彼此拥有，他们所经历的种种努力。每一镐下去，都是在挖彼此的心呀！

在白杨倒下的一刹那，所有的桂花纷纷坠地，洋洋洒洒地仿佛下了一场桂花雨。过了没几天，人们发现：桂树死了，倾斜着倒在白杨残余的树干上……

　　人生最能感天动地的,非坚贞不渝的生死恋莫属。两棵树自始至终都没有说什么,没有挂在嘴上的所谓的缠绵情话,但它们根相缠,心相通,相爱至诚,相濡以沫,最终,它们都为爱献出了一切,甚至生命。真正的爱只有相守相望,不存在生离死别。

　　自然万象,人间世事,历史沧桑,在人们眼里,皆好似超越时空的一幕幕场景,是任其云开云合,舒卷自如,还是目及八荒,神驰九天,那就要看每个人的体察和感悟了。原来,每个生命都来之不易,因为每个生命的存活都伴随着某种牺牲。懂得了这个道理,我们就更应该珍爱我们来之不易的生命。

感恩——化作春泥更护花